COMO CONVERSAR COM DEUS

Neale Donald Walsch

COMO CONVERSAR COM DEUS

Histórias Surpreendentes de Conexão Profunda com um Poder Superior

Tradução
Euclides Luiz Calloni

Editora Pensamento
SÃO PAULO

Título do original: *God Talk.*

Publicado originalmente em inglês por Sacred Stories Publishing, www.sacredstories.com

Direitos adquiridos através de Deanna Leah, HBG Productions, CHICO, USA.

1ª edição 2024.

Editor: Adilson Silva Ramachandra
Gerente editorial: Roseli de S. Ferraz
Gerente de produção editorial: Indiara Faria Kayo
Preparação de originais: Marta Almeida de Sá
Editoração Eletrônica: Join Bureau
Revisão: Erika Alonso

Dados Internacionais de Catalogação na Publicação (CIP)
(Câmara Brasileira do Livro, SP, Brasil)

Walsch, Neale Donald
Como conversar com Deus: histórias surpreendentes de conexão profunda com um poder superior / Neale Donald Walsch; tradução Euclides Luiz Calloni. – 1. ed. – São Paulo: Editora Pensamento, 2024.

Título original: God talk
ISBN 978-85-315-2381-6

1. Deus 2. Teologia 3. Vida espiritual I. Título.

24-216883 CDD-299.93

Índices para catálogo sistemático:

1. Deus: Vida espiritual: Religião 299.93
Cibele Maria Dias – Bibliotecária – CRB-8/9427

Direitos de tradução para o Brasil adquiridos com exclusividade pela
EDITORA PENSAMENTO-CULTRIX LTDA., que se reserva a
propriedade literária desta tradução.
Rua Dr. Mário Vicente, 368 – 04270-000 – São Paulo – SP – Fone: (11) 2066-9000
http://www.editorapensamento.com.br
E-mail: atendimento@editorapensamento.com.br
Foi feito o depósito legal.

SUMÁRIO

PARTE UM – PARA ENTENDER AS CONVERSAS COM DEUS

PARTE DOIS – EXPERIÊNCIAS DE CONTATOS DA HUMANIDADE COM UM PODER SUPERIOR

PARTE TRÊS – INTEGRAÇÃO DO TODO

PARTE UM

Para Entender as Conversas com Deus

Onde há Ser, aí está Deus.

— MEISTER ECKHART

UMA VISITA INESPERADA

Não olhe agora, mas Deus está falando com você. Como você imagina que este livro chegou às suas mãos neste exato momento? Coincidência? Casualidade? Sorte?

É isso mesmo? Bem no instante em que você já poderia ter algumas respostas... Você de fato acredita que se deparou com essas palavras por acaso?

Eu sei, eu sei, parece improvável, se não impossível, que Deus – se é que *existe* um Deus – tenha decidido falar com você, *pessoalmente*, neste exato momento. Por que Deus faria isso?

Vamos examinar essa pergunta em um contexto mais amplo. O que você diria se Deus estivesse disposto a falar com você o tempo todo – e não apenas com você, mas com todos nós? Não somente com o papa, com alguns santos e sábios, com um eventual mestre espiritual aqui e ali ou, de vez em quando, até com um escritor... Imagine que Deus se envolvesse em comunicação direta com todos os que queiram conversar com ele. Ou, em termos ainda mais intrigantes, o que você diria se Deus estivesse se comunicando com todos nós o tempo todo, mesmo quando não estivéssemos a fim de conversar?

Bem, a notícia é a seguinte: as duas perguntas fazem sentido e têm fundamento.

Ah, sim, Deus *existe*. Isso também é verdade.

No entanto, pode acontecer de o Poder Superior não ser o que você pensa que é, caso acredite em sua existência. Você pode se referir a ele com os termos que quiser: ele, ela, vida, fonte, energia pura, essência primordial, universo etc. Seja como for, sem dúvida, Deus é real. E a comunicação de mão dupla com esse Deus real pode mudar sua vida.

"Mas espere um minuto", talvez você diga, insistindo numa resposta à primeira pergunta. "Eu preciso mesmo saber... Por que esse 'Deus' que você diz existir se comunicaria de repente comigo, se eu não procurei essa conversa?"

A resposta é: você *procurou* essa conversa. Talvez não saiba ou não se lembre de que a procurou, ou não faça ideia de como a procurou, mas com certeza a procurou.

Alguma coisa, qualquer coisa, só pode chegar a você se, de alguma forma, você a atrair. Acontecimentos desejados, indesejados, antecipados, totalmente inesperados... Todas as ocorrências, experiências, condições, circunstâncias, situações, os incidentes e as eventualidades da vida são realidades que você atraiu para si mesmo. A única questão é identificar se exerce essa atração de modo consciente ou inconsciente, de maneira ativa ou passiva, de um jeito intencional ou não, de forma proposital ou casual.

Neste momento, você pode ter atraído essa comunicação com Deus de um modo inconsciente ou passivo, mas eu lhe garanto que foi uma energia dentro de você que magnetizou o livro que está lendo agora e o colocou em suas mãos – quer acredite nisso ou não.

"Tudo bem", você pode dizer. "Vamos supor que isso seja possível. Mas a primeira frase deste livro diz que *Deus está falando comigo*. Talvez eu tivesse algum interesse neste livro, mas dizer que se trata de uma comunicação direta com Deus é algo completamente diferente. Você resolveu afirmar que este seu primeiro livro fala de uma conversa com Deus só porque *achou* que era?"

Não.

Boa pergunta, mas a resposta é não. Eu tenho outras razões, muito mais prementes, concretas, plausíveis e convincentes para concluir que minha experiência foi uma comunicação direta com o Divino. E você pode sentir a mesma coisa com relação a este livro ao terminar de lê-lo.

Para constar, no entanto, não estou afirmando que cada palavra, cada frase, cada passagem nestas páginas provenha diretamente do poder maior no Universo. Estou dizendo, sim, que este livro que chega à sua vida neste exato momento, e a principal mensagem que ele pretende lhe trazer *é* uma comunicação que procede de Deus. Ele lhe chega por intermédio do que a minha admirável amiga, doutora Elisabeth Kübler-Ross, psiquiatra e escritora para quem já trabalhei como assistente pessoal, costumava chamar de "intervenção divina".

Isso nos leva a questionar e tentar descobrir de que modo exatamente Deus interage conosco. Faz parte da minha compreensão e da minha experiência saber que Deus se comunica não apenas com palavras como também – e, às vezes, apenas – com ações, acontecimentos, visões, imagens, aromas, sons, ideias, por meio de seus sentimentos, de sua experiência e de uma lista interminável de outros fenômenos do mundo físico.

Você já teve o que considerou ser uma percepção iluminadora e se perguntou se ela poderia ser verdadeira... e então olhou para o céu noturno e, naquele preciso momento, avistou uma estrela cadente?

Você acha que isso *aconteceu* de forma aleatória?

Já lhe aconteceu de o semáforo se abrir e você começar a andar e, logo em seguida, sentir um impulso urgente de tirar o pé do acelerador e pisar fundo no freio, sem motivo aparente... e então ver um carro zunir pelo cruzamento à sua frente numa velocidade insana, assim, do nada?

Você acha que foi apenas a sua *boa sorte* que o impediu de se envolver em um acidente terrível?

Ou, certo dia, como convidado na casa de um amigo, este lhe serviu um saboroso suflê de dar água na boca e, então, no instante de espetar o garfo, ocorreu-lhe perguntar "Não há frutos do mar nessa delícia, há?", e receber a resposta: "Hum, na verdade, há, sim!".

Você acha que foi *pura sorte* não ter sido levado com urgência ao hospital com choque anafilático porque era severamente alérgico a um ingrediente do suflê?

Eu vivi todas essas experiências; entretanto, tenho certeza de que não sou o único que pode contar histórias sobre encontros semelhantes com o "destino".

Contudo, voltando ao momento presente... Você acha que este livro passou rápido pelo seu pensamento ou apenas caiu em seu colo, assim... do nada?

Suponho que o tenha chamado para si, que em algum nível você *ansiava* por uma conversa sobre o Divino *com* o Divino, e que não seja um acaso, uma coincidência ou um acidente o fato de um livro com mensagens de Deus para você em cada página "apenas ter surgido" de forma aleatória em sua vida.

É POSSÍVEL FALAR COM DEUS?

É interessante observar que há mais pessoas que acreditam em um Poder Superior do que pessoas que não acreditam – e que a maioria que acredita aceita sem hesitar que Deus fala de modo direto com os seres humanos.

Tenho informações de que alguns antropólogos da área social realizaram pesquisas há pouco tempo em inúmeros países do mundo fazendo uma única pergunta: "Você acredita em um Poder Superior?". Os resultados revelaram que oito em cada dez pessoas consultadas em quase todas as culturas responderam de forma afirmativa.

O que observo, volto a repetir, é que quase todas as pessoas que acreditam em Deus aceitam o fato de que Ele se comunica com os humanos. As dúvidas a esse respeito parecem se reduzir ao mínimo.

A Bíblia nos diz que Deus falou de forma direta com Enoque e, depois, por intermédio dele, e muitos aceitam isso como verdade. Também sabemos que Deus falou de maneira direta com Moisés e, depois, por meio dele, e muitos reconhecem que isso é verdade. Sabemos, ainda, que Deus falou de modo direto com Zoroastro e, depois, por intermédio dele, e muitos não têm dúvidas a respeito disso. Sabemos também que Deus falou direto com Jesus e, depois, através de suas pregações, e muitos têm certeza de que isso é verdade. Dizem-nos que Deus falou também de modo direto com Maomé e, depois, por intermédio dele, e muitos dão testemunho de que isso é verdade.

Há pessoas que afirmam ter ouvido a voz de Deus de forma direta, e não apenas as que viveram nos tempos antigos. Um homem chamado Mirza Husayn-Ali nasceu em 12 de novembro de 1817 em Teerã, na Pérsia (atual Irã), e morreu apenas oito anos antes do início do século XX. Com o tempo, ele adotou o nome de Baha'u'llah e declarou que havia recebido revelações divinas. Da sua experiência derivou a fé Bahá'í, que hoje é praticada por milhões de pessoas em todo o mundo.

A lista de pessoas que acreditam ter ouvido a voz de Deus de maneira direta vem aumentando também nos dias de hoje. Vou apresentar alguns exemplos na Parte Dois deste livro. É evidente que nem todos os que afirmam ter entrado em contato direto com Deus acabam criando uma nova religião, mas, em quase todos os casos, o resultado é o surgimento de uma nova pessoa. A pessoa que fala com Deus se transforma para sempre, sobretudo quando pratica o que Deus lhe comunicou.

HERESIA, INSANIDADE OU REALIDADE?

Além dos casos especiais e bem conhecidos relacionados aqui, as pessoas, de modo geral, concordam que todo ser humano pode falar com Deus, numa conversa a que dão o nome de oração, súplica ou adoração. No entanto, nem todas acreditam que Deus *responde* aos humanos. Algumas chamam essa ideia de heresia, outras, de insanidade.

Não é nem uma coisa nem outra. É uma realidade.

Deus fala com todos nós o tempo todo. Nós é que rotulamos as comunicações de Deus com outros termos: intuição feminina, ideia brilhante, epifania ou mesmo toque de gênio. Podemos ter uma compreensão súbita ou um impulso repentino.

Poderíamos dizer que esses pensamentos inesperados chegaram até nós do nada. Não podemos explicá-los de imediato, e não nos ocorre afirmar que são mensagens divinas – ou não nos sentimos à vontade para isso. Não queremos ser ridicularizados nem marginalizados, por isso, evitamos manifestações dessa natureza, mesmo pensando que, em certo sentido, *o que de fato aconteceu* foi um sussurro de Deus.

Você poderia dizer: "Ei, espere aí. Você disse, antes, que Deus se envolve em comunicação direta com todos aqueles que buscam uma conversa e, agora, diz que Deus fala com todos nós o tempo todo. O que é que vale?".

As duas situações valem.

É o seguinte: todos nós tentamos conversar com Deus o tempo todo, mesmo as pessoas que não acreditam em um Poder Superior.

Aqui estamos falando de energia.

A *vida* em sua totalidade é energia. Nós, isto é, todos os seres humanos – com tudo o mais que existe... plantas, animais, pedras, montanhas, planetas, sóis, estrelas, nuvens, ventos, insetos, o que quer que você queira –, somos emissores de energia. Somos *feitos* de energia, *absorvemos* energia e *projetamos* energia a todo instante.

O anseio de respostas aos grandes mistérios da vida é uma projeção das nossas energias mentais, emocionais e espirituais da mais alta ordem. Também o são as nossas súplicas interiores quando tentamos encontrar soluções para problemas ou dilemas muito pessoais e urgentes.

Nessas ocasiões, *invocamos* dentro de nós algo que está fora de nós. Quer entendamos ou não esse algo como "Deus", a nossa invocação é recebida e respondida de imediato.

Mesmo quando não enfrentamos um grande desafio ou uma calamidade de fato, quando estamos lidando apenas com pequenas frustrações e preocupações do dia a dia, suspiramos e desejamos com intensidade receber orientação de *algum lugar* – ainda que apenas do nosso íntimo, onde temos a esperança de que a inspiração, a sabedoria ou a lembrança do problema semelhante de outra pessoa possam se alojar.

Procuramos, desse modo, ter uma conversa com Deus – se acreditarmos que Deus existe – ou então estabelecer contato com *alguma* fonte de sabedoria e clareza no universo. Recorremos a uma fonte que possa nos dar mais informações sobre a nossa situação ou o nosso problema do momento, pois temos enorme dificuldade de resolver a questão por nós mesmos.

Acredito que seja em resposta a essa invocação que o livro que você está lendo neste momento chegou a você.

Pois bem, afirmo que falamos com Deus o tempo todo porque desejamos de forma calorosa ter alívio, paz, alegria, clareza e amor de forma permanente, e projetamos esse desejo para fora de nós quase a cada instante da vida. Essas são as nossas esperanças e os nossos sonhos naturais, as preferências e os desejos da nossa espécie.

As vibrações dessa energia chegam ao universo como o toque de campainha de Deus. Podemos dizer que não procuramos de maneira ativa uma conversa com Deus, mas, pelo menos, a maioria de nós prefere e espera ter um bom dia, uma boa semana, um bom mês, um bom ano e uma boa vida. E quando Deus abre a porta e pergunta "Posso ajudá-lo?", nosso coração e nossa mente clareiam nossos desejos, quer usemos palavras ou não.

Percebo que começo a responder à pergunta que inicia a próxima seção deste livro.

POR QUE FALAR COM DEUS?

Há momentos em nossa vida em que não nos resta mais nada senão cair de joelhos – muitas vezes, de forma metafórica, mas, com frequência, de um modo real –, quando nos deparamos com as incessantes dificuldades cotidianas da existência na dimensão física.

Nesses momentos, falar com Deus pode ser muito proveitoso. Uma conversa nessas ocasiões aumenta nossa compreensão, sustenta nossas energias e fortalece nossa determinação. As informações que recebemos revitalizam nosso espírito para que possamos não apenas prosseguir como também nos motivar, nos estimular e *inspirar* a fim de continuar.

Às vezes, apenas uma mensagem divina pode produzir esse efeito. Então, ela nos faz lembrar o que eu disse antes: Deus se comunica conosco não apenas com palavras, mas também com todos os fenômenos do mundo físico. Mencionei uma estrela cadente atravessando os céus num momento preciso e o impulso premente de "pisar no freio", que também pode acontecer quando você não está no carro, mas dentro da sua mente. A mensagem de Deus pode ainda aparecer em um determinado livro que você nem ao menos imaginava ler há alguns meses ou anos atrás.

Assim, esteja aberto a essas mensagens de Deus, mesmo que não acredite na existência D'Ele ou que acredite que Ele exista, mas que nunca se comunicaria direto com você.

VISÕES, PERSPECTIVAS E HORIZONTES

O nosso futuro muda quando a nossa energia muda. Você se lembra do que eu disse – que a energia cria tudo o que existe?

Bem, talvez eu não tenha usado exatamente essas palavras, mas deveria ter usado. Eu disse que tudo o que existe é energia revestida de alguma forma, e agora estou dizendo que, pelo fato de essa afirmação ser verdadeira, a energia cria tudo o que acontece a cada momento.

A energia influencia a energia. Podemos comprovar esse princípio derramando água fervente sobre água gelada ou então dizendo alguma coisa ao nosso cônjuge em um tom amoroso em particular. A energia, portanto, produz mudanças de energia em outras coisas.

Mudança é outra palavra para *criação*. Quando uma coisa muda, deixa de ser o que era até determinado momento e passa a ser, assim, recriada.

O que chamamos de "pensamento" também é energia. Essa energia pode ser medida e, muitas vezes, também *sentida*. Você pode sentir seus pensamentos, bem como os pensamentos de outra pessoa a seu respeito – mesmo que não diga nada em voz alta. Do mesmo modo, outras pessoas também podem, às vezes, sentir os pensamentos que você tem sobre *si mesmo* – ainda que não diga em voz alta o que pensa de si mesmo.

Sabemos, então, que pensamentos são criativos e produtivos e que geram resultados.

Então, se você alimenta o pensamento de que Deus existe – e de que Ele pode se comunicar e de fato se comunica direto com os seres humanos, *inclusive* com você –, é provável que você se surpreenda falando com Ele em algum momento dos seus dias e de suas noites – sobretudo em momentos importantes da sua jornada. Sem dúvida, muitas vezes, conseguirá ouvir Deus falando com você.

O grande desafio é que a nossa cultura não abriga uma crença universal de que isso possa acontecer, então, não somos estimulados a aceitar nossa experiência. Muitas pessoas rejeitam o que ouvem como se fosse fruto da própria imaginação, de sua fantasia ou mesmo do autoengano.

No entanto, se não dermos importância ao ceticismo geral ou à reação de dúvida da sociedade em relação à ideia de que Deus fala conosco – e, repito, de modo direto e pessoal, *para nós, no âmbito individual* –, sem dúvida, estenderemos nossos horizontes, ampliaremos nossas perspectivas e expandiremos nossa visão da vida, pelo simples fato de ouvirmos o que Deus tem a dizer – de um milhão de formas diferentes, em milhares de momentos diversos, ao longo de centenas de existências.

As pessoas que ouvem as mensagens de Deus e *agem em conformidade com elas* ampliam não apenas suas perspectivas como também suas *prospectivas*. Ou seja, com grande probabilidade, aumentam de forma extraordinária as possibilidades de um futuro repleto de verdadeira alegria, de felicidade pessoal, de realização individual, de contribuições valiosas para outras pessoas e de uma verdadeira paz interior.

Essa é a *razão* de se falar com Deus.

PRECISAMOS TER CLAREZA A ESSE RESPEITO

Quando falamos sobre conversar com Deus e ouvir as mensagens divinas, é de *suma* importância compreendermos de maneira plena e profunda a *verdadeira natureza de Deus*. Precisamos ter clareza absoluta sobre as únicas mensagens plausíveis, válidas, autênticas, precisas e críveis que o Divino pode nos enviar. Elas devem estar de acordo com as seguintes regras:

1. As mensagens de Deus são sempre para o seu bem maior.
2. As mensagens de Deus são repletas de energia positiva e amorosa.

3. Deus nunca, *jamais*, enviaria uma mensagem a alguém com instruções para lesar ou prejudicar outra pessoa.

Infelizmente, muitas pessoas passam por grandes decepções e, como consequência, prejudicam ou até tiram a vida de semelhantes seus com a justificativa de que Deus as estimulou a fazer isso. Numa escala maior, mais guerras foram travadas na Terra em nome de Deus e sob a bandeira da religião do que por qualquer outra razão.

Como seres humanos podem fazer coisas assim? Quase todos nós já pensamos muitas vezes sobre isso. No entanto, a própria Bíblia diz que Deus estimulou os homens a matar seus semelhantes. Se você ler esse livro com uma calculadora na mão e somar o número de mortes, encontrará relatos em que Deus ordena que *milhões* sejam mortos, por inúmeros motivos.

Isso pode ser verdade? Não.

É verdade que orientações como essas parecem ter sido incluídas na Bíblia, mas *não* é verdade que Deus tenha de fato dado essas instruções. Para mim, os autores dessas passagens foram pura e tristemente enganados.

Como podemos reconhecer uma mensagem verdadeira de Deus? Além de submetê-la aos três testes citados acima, acredito ainda que, em sua própria interação direta com o Divino, você descobrirá o que é e o que não é verdade. Um dia, toda a humanidade compreenderá – de forma plena, completa e precisa – a verdadeira natureza de Deus e saberá por que jamais poderia ser verdade que Deus tivesse dito a alguém para tirar a vida de outro ser humano.

A MENSAGEM DE DEUS AO MUNDO

As enormes lâmpadas do estúdio de televisão estavam acesas, os microfones captavam cada palavra e as câmeras filmavam. "Tudo bem, você afirma que conversou de forma direta com Deus; então, diga-nos... Qual é a mensagem de Deus para o mundo?"

A pergunta era de um famoso apresentador de um dos programas matutinos mais populares da televisão norte-americana. Ele me pedia para responder à maior pergunta de todos os tempos.

"Você pode resumir em uma frase ou duas?", ele acrescentou. "Temos cerca de trinta segundos."

Minha mente disparou. Como eu poderia dizer alguma coisa em trinta segundos, algo que capturasse a essência do que Deus quer que o mundo saiba?

Então, como a descarga de um raio, ouvi a resposta de Deus em minha mente. Pisquei os olhos e fiz um anúncio que até a mim surpreendeu. "Na verdade, posso resumir em cinco palavras."

O apresentador ergueu as sobrancelhas, insinuando um ar de descrença e voltando-se impassível para a câmera: "Muito bem, então... Senhoras e senhores, de um homem que diz comunicar-se com o Divino, ouçamos a mensagem de Deus para o mundo... em cinco palavras!".

Eu sabia que milhões de pessoas estavam assistindo ao programa em todo o mundo. Essa era a minha oportunidade de levar o comunicado mais importante de Deus a mais pessoas do que eu jamais imaginara que faria ou poderia fazer em minha vida. Olhando fixo para a câmera, repeti as palavras que acabara de receber...

"Vocês me entenderam totalmente errado."

Algum tempo depois, escrevi um livro intitulado *God's Message to the World: You've Got Me All Wrong*. Essas cinco palavras compõem o subtítulo. Você pode achar esse texto bem interessante.

A VERDADEIRA NATUREZA DE DEUS

Se pensarmos que Deus é vingativo, se acreditarmos que Deus *deseja* que pessoas sejam mortas por motivos justificados, se acharmos que Deus nos julga, condena e castiga por não fazermos o que Ele quer, criaremos um mundo onde *nós* seremos vingativos, onde *nós mesmos* permitiremos que as pessoas sejam mortas por razões que justificamos. Julgaremos, condenaremos e puniremos os outros por não fazerem o que queremos.

Sem dúvida, esse é exatamente o tipo de mundo em que vivemos.

Com certeza, muitos se perguntam: *como seres humanos podem fazer essas coisas?* Esquecemo-nos por completo do fato de que *o modo como tratamos os outros se baseia em nossa crença coletiva sobre o comportamento de Deus conosco* – uma crença fundamentada em escritos de milhares de anos atrás que afirmam revelar o que Deus disse aos humanos que conversaram com Ele.

Não seria prudente termos nossas *próprias* conversas com Deus e descobrir se alguma daquelas mensagens antigas poderia ter sido perdida na tradução ou mal compreendida, antes de tudo?

Você já participou de um daqueles jogos de salão em que uma pessoa sussurra uma frase no ouvido da que está ao seu lado, a qual logo sussurra para a seguinte, e esta para a próxima, até a frase percorrer todo o círculo, quando então se descobre que a frase dita pela última pessoa é uma versão bem diferente do que a primeira pessoa sussurrou?

Multiplique esse efeito por milhares de anos e milhões de ouvidos, e conseguirá imaginar por que é bem mais interessante que você tenha sua própria conversa com Deus.

A última vez em que conversei com Deus, menos de vinte e seis meses antes de escrever este livro, recebi uma mensagem que chamei de "solução de Deus". Ela dizia que a humanidade poderia e eliminaria centenas de problemas no mundo se os seres humanos apenas adotassem uma nova definição de Deus.

Conforme ouvi, Deus é definido com mais precisão por duas palavras: *puro amor*.

Hoje, quando digo isso a um grupo, um ou outro participante bem-intencionado inevitavelmente levanta a mão e diz: "Neale, Neale, Neale... Estivemos atentos durante vinte minutos para ouvir você dizer que a grande nova revelação é que *Deus é amor*? Todo mundo sabe disso! Toda religião ensina isso. Nossas religiões podem ser diferentes em termos de dogmas e doutrinas, mas nenhuma religião nega que Deus é amor!".

Em momentos assim, surpreendo-me levantando a mão com tranquilidade e dizendo: "Um minuto, um minuto. Eu não disse que 'Deus é amor'. Eu disse que Deus é *puro amor*!".

"Tudo bem", retruca meu amigo na plateia: "Qual é a diferença?".

"A diferença", respondo, "é que *puro amor* precisa, espera, pede e não exige nada em troca".

Agora, se aceitarmos essa como a nossa nova definição de Deus – e sobretudo se a passarmos a outras pessoas, algo sobre o qual falaremos mais adiante –, logo compreenderemos que ela é muito, muito diferente da maioria dos ensinamentos ortodoxos sobre um poder superior. A divergência é tão grande, que levanta a questão: *nossa espécie ousará acreditar nessa realidade?* Acreditar nela criaria nada menos do que uma revolução teológica global.

A maioria das religiões do mundo diria que é blasfêmia afirmar que Deus não precisa de nada, não exige nada e, portanto, não julga, não condena nem castiga – porque ensinam exatamente o contrário.

Mas pense nisso. Uma nova definição inverteria a nossa compreensão fundamental de Deus. Apresentaria um novo padrão ao mundo, uma nova ética, uma nova base moral, que sustentaria tanto a nossa vida coletiva como as escolhas e as decisões individuais. Não poderíamos mais racionalizar ou justificar dentro de nós nenhum tratamento menos sensível aos outros, com base em nossa afirmação de que é assim que Deus nos trata.

Muitas vezes, observei com desespero que muitos de nós não conseguiram interagir com *puro amor* com a pessoa que ocupa o travesseiro ao lado. Quantos de nós podem jurar que, quando dizemos "eu te amo" para o nosso cônjuge, queremos dizer "eu preciso, espero e não exijo nada em troca"? Com certeza, não conseguimos imaginar um Deus que interage conosco dessa forma.

O MELHOR MOTIVO DE TODOS

Vemos, então, que há pelo menos três motivos para conversarmos com Deus:

1. ampliar os nossos horizontes e melhorar a nossa perspectiva;

2. ter muita clareza sobre a *verdadeira natureza* da Divindade;
3. trazer *puro amor* aos nossos relacionamentos mais íntimos.

Espere. Pensei em outro motivo, talvez o melhor de todos num âmbito pessoal.

4. Acabar com a nossa solidão.

Ainda não conheci uma pessoa que, pelo menos uma vez na vida, não tenha se sentido desamparada e solitária, mesmo com outras pessoas ao seu redor. Às vezes, *sobretudo* com as pessoas ao seu redor.

Todos nós ansiamos ter alguém com quem conversar sobre as coisas mais importantes: nossos maiores medos, nossos anseios mais profundos, nossos piores erros, nossos maiores arrependimentos, nossos sonhos mais egoístas, nossas maiores esperanças.

Todos nós ansiamos ter alguém que ouça as nossas confissões mais angustiantes, que responda às perguntas mais desconcertantes da vida e que nos ajude a curar nossas feridas mais doloridas. Precisamos de alguém que nos faça companhia para preencher o nosso coração, reconfortar a nossa mente e abrir a nossa alma nesta longa e solitária jornada da vida.

Durante essas percepções ao longo da madrugada, chegamos à nossa quarta e melhor resposta à pergunta "Por que falar com Deus?". De um modo curioso, o que acontece com muitos de nós quando conversamos com Deus é que acabamos com a nossa solidão – mesmo se não chamarmos esse encontro de "conversa com Deus".

Então, resta apenas uma pergunta...

DEUS ME OUVE?

Deus *sempre* ouve você, e há uma ótima explicação que justifica essa verdade.

Deus ouve você o tempo todo porque sempre está com você.

Dizendo isso em cinco palavras: você e Deus são um.

Todas elas são *uma única coisa*. Existe apenas uma coisa, e todas as coisas fazem parte da única coisa *que existe*. Não há separação entre você e Deus.

Mais uma vez, porém, esse é um desvio da doutrina da maioria das principais religiões. Quase todas as tradições de fé da humanidade diriam que afirmar que você e Deus formam uma unidade é uma grande heresia.

Para essas religiões, Deus nos *criou*, mas não é o *mesmo* que nós. Quanto a isso, concordo. No entanto, afirmar que Deus e você são um não é dizer que Deus e você são o mesmo.

Seu relacionamento com Deus é semelhante ao relacionamento de uma onda com o mar. A onda não é *diferente* do mar nem está *separada* dele – todavia, não é *idêntica* ao mar.

A onda é uma elevação do mar – uma manifestação oceânica individual, se você preferir –, e, quando sua expressão termina, ela retrocede, voltando para o mar, de onde veio.

O mar sempre está *dentro* da onda. No entanto, o mar é uma coisa e a onda é outra, embora ambos sejam água. Em outras palavras, eles se manifestam como uma substância compartilhada, mas em proporções muito diferentes.

Da mesma forma, você se eleva *do* Divino e se expressa *como* o Divino em forma individualizada, e então retrocede *ao* Divino, de onde veio, para elevar-se e se expressar de novo de outro modo em outro dia.

Você não é a soma total do Divino. A soma total do Divino é uma coisa e você é outra. No entanto, você é feito da mesma coisa.

Deus chama essa coisa de *puro amor*.

O OUVIR DE DEUS É INERENTE

Deus não ouve você porque o seu desejo de clareza em relação à vida é premente ou porque Ele se compadece de você em suas situações difíceis. Deus ouve você pelo mesmo motivo pelo qual você ouve os sons ao seu redor enquanto lê este livro.

A menos que você pratique meditação, em geral, não se senta em uma sala e diz para si mesmo: "Acho que vou ouvir os sons ao meu redor!". Os sons estão ao seu redor, e é *óbvio* que você os ouve por causa do lugar em que se encontra. Também é certo que Deus ouve você levando em conta o lugar em que *Ele* está. Por isso, você não precisa perguntar: "Deus me ouve?".

Deus ouve, recebe e entende de imediato cada pensamento, cada emoção, cada pergunta, apelo ou projeção energética que você expressa. Como poderia ser de outro modo? Ele está bem dentro de você, na "sala da sua vida", como a base e a dimensão mais profunda de *quem você é*.

Nesse sentido, o ouvir de Deus é inerente ao ser senciente que você chama de "eu" e ao processo que você chama de "vida". Deus também ouve você porque *quer* ouvi-lo. É por isso que a presença da essência divina foi criada como um aspecto intrínseco à vida.

Tudo o que existe contém essa essência imprescindível. Ela é a energia que dá origem a tudo, a fonte primordial. E a maior alegria do Divino é prover orientação amorosa, visão profunda, consciência expandida e acesso a todo o conhecimento e à sabedoria que nos permite assumir e vivenciar a nossa *identidade verdadeira*.

Assim como uma flor se volta para o Sol para receber seu alimento, nós também somos convidados a nos dirigir a Deus para sermos alimentados.

COMO DEUS FALA COM VOCÊ

Mencionei que Deus fala com os seres humanos não apenas com palavras – na verdade, com menos frequência, Ele fala com palavras –, mas servindo-se de todos os recursos da vida no reino físico. As mensagens de Deus também envolvem o que, em geral, chamamos de "sinais", como sentimentos, pensamentos, impulsos, inspirações, percepções, sons, visões... e quase qualquer outro dispositivo ou abordagem que você possa imaginar.

Falando em imaginação, em uma das minhas conversas com Deus, perguntei sem rodeios: "Como posso saber se essa é de fato uma comunicação Convosco, e não apenas imaginação minha?".

Ainda me lembro da energia da resposta que recebi no mesmo instante. Sentindo o sutil esboço de uma risadinha divertida, ouvi as palavras *Qual seria a diferença?*.

Você não acha que eu usaria qualquer recurso à minha disposição, inclusive a sua imaginação, para chegar até você? De onde você pensa que surgiu a música de Mozart? Qual seria a origem dos afrescos de Michelangelo no teto da Capela Sistina?

Eu soube com toda a clareza, então, que o fato de se imaginar alguma coisa não significa que ela seja irreal. Quer apenas dizer que se recebe a imagem de algo em que talvez outros não tenham pensado antes de nós. Pode ser algo muito real, na verdade, e quase sempre é.

O dicionário define "imaginação" como "a faculdade ou a ação de formar novas ideias, imagens ou conceitos de objetos externos ausentes dos sentidos". A segunda definição diz que "imaginação é a capacidade da mente de ser criativa e habilidosa".

O objeto externo alheio aos nossos sentidos nesse caso é o que chamamos "Deus", e a nova ideia que formamos é a de que não só podemos falar com Deus como também Deus pode falar conosco, e Ele fala. Se isso não é um exemplo da "capacidade da mente de ser criativa e habilidosa", então, não sei o que é.

Vemos, a seguir, que, se uma pessoa aplicou a capacidade de formar novas ideias, imagens ou conceitos sobre Deus, isso não indica de modo necessário que sua nova ideia, sua imagem ou seu conceito são delirantes. Há muitas "novas ideias" que talvez pareçam inaceitáveis em princípio, mas que acabam sendo um anúncio prévio do fato real relativo ao assunto, de forma surpreendente, antes do devido tempo.

Você quer um exemplo?

A Igreja Católica Romana levou séculos para admitir que Galileu Galilei tinha razão quando declarou, em 1615, que o nosso planeta não era o centro do Universo. Conforme ele afirmava, o Sol não girava em torno da Terra, como a Igreja ensinava, mas, sim, o contrário, a Terra é que girava ao redor do Sol.

Na época, essa afirmação foi considerada não apenas inaceitável como também uma blasfêmia. Galileu escandalizou muita gente com esse anúncio. Os líderes da Igreja Católica ficaram surpresos e, ao mesmo tempo, exasperados e ofendidos. Declararam que essa afirmação profanava os ensinamentos da Igreja, e Galileu foi excomungado e humilhado publicamente.

Mais tarde, é claro, ficou comprovado que ele estava certo. Como instituição, a Igreja Católica retratou-se de maneira formal em 1992.

Sim, você leu de forma correta. Eu não disse 1692, mas 1992.

Esse tipo de arrependimento tardio aparece com frequência quando a humanidade, por fim, recupera o bom senso em relação a um assunto específico – ou, se poderia dizer, quando a humanidade chega à sua senciência.

Voltando ao nosso dicionário, constatamos que o termo "senciência" é definido como "capacidade de ter sensações e sentimentos de forma consciente; capacidade de ter percepções conscientes". Galileu percebeu a verdade sobre o lugar da Terra em relação ao cosmos. Muitas pessoas hoje percebem a verdade sobre o lugar da humanidade em relação a Deus.

Se você sentir que Deus fala com você, não se preocupe pensando que esse contato pode ser fruto da sua imaginação. *Poderia* ser. No entanto, isso não significa que você estaria delirando. Você poderia apenas demonstrar "a faculdade ou a ação de formar novas ideias, imagens ou conceitos" sobre Deus.

Talvez seja hora de todos nós fazermos exatamente isso.

POR QUE PALAVRAS SÃO MAIS RARAS

Como estamos analisando a ideia de que Deus se comunica conosco e as formas como essa comunicação se processa, você pode ter captado algo que já repeti três vezes e talvez esteja se questionando sobre essa questão.

Estou me referindo à afirmação de que Deus fala com os humanos não apenas com palavras – na verdade, eu disse que Deus fala com *menos frequência* com palavras, pois Ele prefere usar outros recursos disponíveis no reino físico.

"Por que Deus se comunica menos com palavras?", você pode se perguntar. "Não seria mais fácil para Deus transmitir uma mensagem importante para nós com palavras, em vez de usar uma intuição ou um sinal? Por que Deus escolheria se comunicar por meio de um sentimento, um pensamento ou uma experiência que sempre teríamos de interpretar? Não seria o simples uso de palavras uma forma mais confiável de comunicação?"

São boas perguntas. Eu gostaria de ter pensado nelas.

Acontece que, ao contrário do que se possa acreditar, as palavras são o modo *menos* confiável de comunicação, e isso porque, muitas vezes, elas não são compreendidas e, em geral, são passíveis de interpretação. Por quê? Bem, vou lhe repassar algumas informações que recebi nas minhas conversas com Deus.

A primeira diz respeito à própria substância de que as palavras são feitas. Palavras são apenas formas de manifestação: *ruídos* que *representam* sentimentos, pensamentos e experiências. Palavras são símbolos, sinais, insígnias. Elas não são a verdade, não são reais.

As palavras podem nos ajudar a compreender algumas coisas, mas o que nos possibilita saber é a experiência. Como não conseguimos experimentar algumas coisas de maneira direta, recebemos outros meios de alcançar o conhecimento: nossos pensamentos e sentimentos.

Acontece que a suprema ironia neste contexto é que os seres humanos dão muita importância à *palavra de Deus* e pouquíssima consideração à *experiência com Deus*.

NÃO PERCA UMA ÚNICA MENSAGEM

Eu cheguei a um ponto em minha vida em que anoto quase *tudo*. É claro, incluem-se aí meus sentimentos, meus pensamentos aleatórios, minhas ideias fugazes e até mesmo fragrâncias e sons dos quais de repente me dou conta. E, sim, de modo muito especial, anoto também as *experiências* que vivo no dia a dia.

Se não tivesse dado ouvidos à minha experiência interior, eu jamais teria pisado no pedal do freio no momento de atravessar aquele cruzamento que já mencionei. Eu teria ignorado, naquele semáforo, o que sentia em meu interior e me lançado em direção a um acidente inevitável.

Se não tivesse prestado atenção no sentimento em meu coração ao ver aquela estrela cadente no exato momento que descrevi, eu teria ignorado o estímulo que me levou a enviar a uma editora as anotações das minhas conversas com Deus – e essa decisão resultou em um livro que acabou sendo lido por milhões de pessoas em 37 idiomas. Esse livro ajudou muitas delas a reconstruir a própria vida de forma positiva e poderosa.

Se não tivesse levado em consideração a sutil intuição de perguntar ao meu anfitrião se o suflê que sua esposa havia preparado com tanto esmero continha frutos do mar, talvez eu nem estivesse mais aqui para abordar esse assunto com você.

A propósito, não estou exagerando. Já tive um choque anafilático, que pode ocorrer alguns minutos após a exposição a um alérgeno. Quando isso acontece, a pressão sanguínea cai de repente e o sangue passa a circular com dificuldade. A garganta incha, as vias respiratórias se estreitam, a respiração se torna ofegante ou até mesmo impossível. Em casos graves, a anafilaxia não tratada pode levar à morte em meia hora. Por sorte, quando passei por isso, fui levado bem rápido para um hospital que, como a vida havia disposto, ficava a apenas alguns quarteirões de distância. Os médicos me aplicaram de imediato uma injeção de adrenalina, e quando consegui voltar a respirar de novo, ouvi um deles dizer: "Essa foi a última vez que você comeu marisco, entendido?".

Então, sim, pode apostar, eu registro meus sentimentos, pensamentos, impulsos, meus palpites e as centenas de diferentes formas que sei que Deus vai usar para chamar minha atenção. Quero dizer, nada irá detê-lo. O anúncio de vendas de dez sílabas em um painel na curva da rodovia... o comentário casual de estranhos entreouvido na lanchonete... a música que toca no rádio... a fragrância do perfume de alguém em uma loja que me faz lembrar de algo – ou de alguém – que eu não devo me esquecer... todos esses são recursos de Deus. E Deus tem mais.

Por quais meios Deus fala conosco? Huuum... vem-me à mente neste momento a poetisa Elizabeth Barrett Browning, que poderia estar falando por intermédio de Deus quando escreveu, no Soneto número 43 de uma coleção de sua poesia publicada em 1850: "How do I love thee? Let me count the ways." ["Como eu te amo? Deixa-me contar as formas."].

As incontáveis formas de que Deus se utiliza para falar conosco são também as maneiras pelas quais Ele nos ama. Por isso, olhe ao seu redor todos os dias e preste atenção em tudo o que surge em seu caminho. Ouça os sussurros em seu ouvido. Leia as palavras que "por acaso" se oferecem aos seus olhos. Use o seu discernimento para ver os "sinais" que se mostram a você de muitos modos.

Acolha toda a energia positiva que você sente. Aprecie cada pensamento positivo que surge em sua mente e aja de acordo com cada impulso assertivo que o move.

Aja com sabedoria, não de forma tola, sim... mas não ignore essas mensagens. Não as deixe de lado, esquecendo-as como um objeto qualquer na prateleira da sua vida. E não as ignore por ter medo de fracassar em algo inspirado por Deus ou porque uma mensagem de Deus parece "boa demais para ser verdade".

Certa vez, eu disse isso a Deus em uma das minhas conversas casuais com Ele. Eu disse: "Às vezes, é difícil acreditar em algumas coisas que você me diz, porque são boas demais para ser verdade!". Você sabe o que Ele respondeu?

"Bem, se Deus não pode ser bom demais para ser verdade, *quem pode?"*

Então, se ouve Deus lhe dizer que você é maravilhoso, poderoso, atencioso, sensível, solícito, talentoso e um presente para os outros... Se Deus lhe descreve as alegrias que o seu amanhã trará ao compartilhar com o mundo suas inspirações, suas energias pessoais e suas criações individuais... não faça o que eu fiz no passado. Não menospreze as mensagens de Deus por parecerem *boas demais para ser verdade.*

Elas *são* verdadeiras. Quando aprendi essa lição, quando aceitei esse fato e acolhi essas mensagens de Deus para mim, toda a minha vida mudou. Procure também ver como as mensagens mais edificantes e encorajadoras para *você* e sobre *você* podem mudar a sua vida.

Se uma parte sua ainda não acredita que Deus fala diretamente com você, eu gostaria que conhecesse as histórias de algumas pessoas que descreveram *suas* experiências de Deus falando com *elas*.

Assim, passemos para a Parte Dois deste livro que está diante dos seus olhos. Transcrevo aqui histórias que, acredito, atrairão seu interesse. Vejamos se você concorda.

PARTE DOIS

Experiências de Contatos da Humanidade com um Poder Superior

Os melhores dançarinos
sabem que graça
cada tropeço
contém.

– EM CLAIRE

MELHOR QUE LILÁS

A primavera é uma estação feliz para mim. Sempre foi durante a minha infância, nos anos 1950, no Centro-Oeste dos Estados Unidos. Os invernos frios de Milwaukee, por fim, começavam a fazer acenos de boas-vindas a uma temperatura mais amena no final de março. Em abril, o frio que parecia interminável tornava-se uma realidade do passado por mais um ano.

Em Wisconsin, podia-se afirmar com certeza que "as chuvas de abril trazem flores de maio". Eu me lembro de que pulava de alegria quando o arbusto de lilás do quintal começava a florescer. Sua fragrância me inebriava; eu enfiava o nariz na ramagem e inalava profundamente seu perfume adocicado.

Ano após ano, não era difícil alimentar a expectativa de me sentir maravilhado nas semanas que antecediam o verão. Eu observava outras pessoas, no mundo inteiro, sentindo a mesma mudança de energia. É pouco provável que houvesse algo mais natural; à medida que a temperatura média aumentava, o Sol iluminava por mais tempo e as flores favoritas de todos ganhavam vida. A primavera parecia significar novos inícios no ar para quase todos.

No entanto, na primavera de 1992, eu já não era mais uma criança com um coração alegre. Todos nós passamos por períodos sombrios na vida – por dias, semanas, meses ou anos –, e o meu infortúnio não foi maior do que o de qualquer outra pessoa. Porém a situação era séria. Aos 49 anos, eu me descreveria como infeliz por completo, no âmbito pessoal, profissional e emocional. E durante o que eu esperava ser uma época de renovação e revitalização daquele ano, minha vida parecia um fracasso em todos os níveis – e eu estava muito irritado com isso.

Esclareço, porém, que meu pai me ensinou a lidar com essas circunstâncias. Ele dizia que, sempre que eu tivesse um assunto embaraçoso a resolver com uma pessoa importante em minha vida, eu deveria resistir à tentação de começar uma discussão com ela sobre o motivo que me levara à indignação. Em vez disso, eu deveria escrever tudo numa carta e deixar essa carta na gaveta por vinte e quatro horas. Depois de lê-la no dia seguinte, se ainda me parecesse prudente expressar meus sentimentos com cada palavra empregada, aí, sim, eu deveria enviar a carta à pessoa envolvida.

Meu pai sabia que eu quase nunca, para não dizer nunca, diria tudo o que estava escrito e que nunca enviaria a carta.

Estou contando isso porque, durante a primavera de 1992, eu tive um assunto desagradável a resolver com uma pessoa *muito* importante em minha vida. Então, depois de uma noite agitada, às 4h23 da madrugada, peguei um bloco e comecei a desfiar os meus sentimentos em uma carta muito indignada para Deus. Era uma carta rancorosa e inflamada, cheia de confusão e de perguntas raivosas.

Por que minha vida não estava dando certo? O que seria necessário para fazê-la funcionar? Por que eu não conseguia ser feliz nos relacionamentos? Nunca passarei pela experiência de ganhar dinheiro suficiente? Por fim – e da forma mais enfática –, *o que eu fiz para merecer uma vida de tantas lutas incessantes*?

Eu me lembro de ter pensado "*Diga-me as regras*! Eu vou jogar... Prometo, vou jogar... *Mas você tem de me dar as regras*. E, depois que dá-las, *não as mude*. Porque dia sim, dia não, as regras parecem mudar por aqui!".

Para minha surpresa, enquanto escrevia a última das minhas amargas e irreplicáveis perguntas e me preparava para pôr a caneta de lado, minha mão continuou sobre o papel, como se estivesse sendo pressionada por uma força invisível. De repente, a caneta começou a se movimentar *por si mesma*. Eu nem sequer imaginava o que estava para escrever, mas uma ideia parecia tomar forma, e então resolvi segui-la. Eis o que se revelou...

Você, de fato, quer uma resposta
para todas essas perguntas ou está
apenas desabafando?

Senti, no mesmo instante, algo como se eu tivesse, de fato, ouvido a pergunta, como se houvesse mais alguém na sala. Dei uma olhada rápida para trás, para ver se havia alguém perto de mim, e, claro, não havia ninguém. Então, fiquei sentado por alguns momentos, olhando para as palavras que acabara de escrever.

Quero esclarecer um detalhe, porém. O que aconteceu não foi uma experiência do que alguns chamam de "escrita automática". Você sabe... quando as pessoas dizem que sentiram algo como se uma entidade estivesse controlando a mão delas.

Para mim, o fato de a caneta que eu segurava ter começado a se mover por conta própria não me pareceu algo espantoso ou mesmo incomum. Eu já havia me deparado com a mesma experiência algumas vezes na vida – sobretudo em momentos de transtorno ou frustração, em que, seguindo o sábio conselho de meu pai, eu decidira registrar meu estado emocional com o único objetivo de me livrar dele.

Nessas ocasiões, eu ficava um tanto paralisado, consciente, sem a menor dúvida, de que desejava dar aquele recado para a pessoa com quem eu me aborrecera, mas não sabendo de forma exata... quero dizer, *palavra por palavra*... o que almejava dizer ou qual era a melhor maneira de dizê-lo.

Em um momento como esse, às vezes, eu via a escrita começar sozinha, com algo como: "Jim, acho que você e eu precisamos esclarecer uma coisa". Então, com as palavras iniciais surgindo do nada – em certo sentido, escritas por si mesmas –, de modo consciente e deliberado, eu terminava de redigir o recado. Eu não diria que aquelas primeiras palavras eram uma "escrita automática".

Houve também ocasiões em minha vida em que eu sabia que devia escrever uma carta a alguém, mas não fazia ideia do que gostaria de dizer. Eu pegava uma caneta – isso no tempo em que quase todos nós ainda escrevíamos à mão – e ficava ali sentado por alguns minutos. Então, eu a via começar a se movimentar sozinha, produzindo algo como: "Querida mãe... eu sei que deveria ter escrito antes...". De repente, minha mente entrava em ação e eu evocava de forma consciente pensamentos específicos *porque a carta já havia começado a se escrever.*

Sempre imaginei que fenômenos assim fossem experiências humanas bastante comuns. Isso, sem dúvida, explica a maneira despreocupada como descrevi, em meu primeiro livro, meu primeiro encontro com o que hoje sei que é a fonte da sabedoria maravilhosa e da clareza absoluta que habita dentro de todos nós, que eu cheguei a compreender que é Deus.

Hoje também sei que, quando escrevia à mão o que ouvia em minha cabeça, era uma resposta mecânica ao meu desejo de lembrar de maneira exata o que me ocorria naqueles momentos. A sensação não era de que eu "escrevia", mas, sim, de que estava "tomando um ditado", sem nenhum propósito maior em mente além do objetivo de capturar o que me estava sendo dito como parte de uma troca interior incomum.

O que não esclareci no início do meu primeiro livro é a *origem* de onde a ideia parecia provir. Eu estava nervoso com o que havia acontecido. Em vez disso, escrevi apenas que uma ideia "parecia estar surgindo".

É claro, nunca imaginei que meus primeiros rabiscos em papel ofício seriam, um dia, lidos por milhões de pessoas como parte de um *best-seller* no mundo inteiro. Eu achava que estava envolvido em um processo pessoal e individual – algo que ninguém jamais saberia.

EU DESAFIEI DEUS

Então, por que enviei minhas anotações a uma editora? Ah, essa pergunta me foi feita muitas vezes. Fiz isso porque recebi instruções para fazê-lo na própria conversa: *Você transformará este diálogo num livro e tornará minhas palavras acessíveis a muitas pessoas. É parte do seu trabalho.*

Pensei comigo mesmo que enviar meu livro para uma editora seria a única maneira de confirmar no mundo exterior a veracidade do que o meu mundo interior estava me apresentando. Eu achava que não haveria um modo de alguma editora dispor de uma equipe para editar, diagramar, imprimir, encadernar e distribuir um livro em que uma pessoa totalmente desconhecida afirmava conversar com Deus. Isso simplesmente não iria acontecer.

Assim, eu desafiei Deus a provar que eu estava errado.

E Deus provou.

Hoje, chamo esse diálogo de "escrita inspirada". No entanto, escrita inspirada e escrita automática são coisas diferentes para mim. Na minha visão, têm conotações ou nuances distintas.

Muito bem... Isso esclarecido, volto à narrativa da minha experiência naquele momento em que escrevi "Você, de fato, quer uma resposta para todas essas perguntas ou está apenas desabafando?".

Com os olhos nas palavras em meu bloco de anotações, minha mente deixou escapar uma resposta. Anotei também isso, rabiscando: "As duas coisas! Estou desabafando, com certeza, mas, se essas perguntas têm respostas, não tenho a menor sombra de dúvida de que gostaria de ouvi-las!".

Recebi uma resposta no mesmo instante. Dessa vez, tive certeza de que a ouvia dentro da minha cabeça.

Você 'não tem a menor sombra de dúvida'...
sobre muitas coisas. Mas não seria bom
você ter certeza absoluta?

Percebi, então, que eu estava numa encruzilhada entre irracionalidade, irritação e curiosidade, e me surpreendi rabiscando com raiva: "O que *isso* quer dizer?".

Antes de saber a resposta, envolvi-me com um diálogo por escrito. Esse diálogo se estendeu por três anos e meio, sem que eu tivesse a menor ideia de onde iria acabar. As respostas às perguntas que eu colocava no papel só me chegavam quando a pergunta estava escrita por completo e eu *abandonava meus próprios pensamentos.*

Às vezes, as respostas chegavam mais rápido do que eu conseguia escrever, e então eu me via rabiscando para acompanhar. Quando ficava confuso ou perdia a sensação de que as palavras vinham de outro lugar, eu largava a caneta e interrompia o diálogo até me sentir *inspirado* – desculpe, esse é o único termo que cabe, de fato – para retomar o bloco de notas e recomeçar a transcrever.

Algumas palavras citadas procedem do primeiro dos nove livros *Conversando com Deus,* nos quais apresentei a minha melhor descrição de como tudo isso aconteceu. Isso é algo que sei com certeza: não sou a única pessoa que teve uma experiência dessa natureza.

Com frequência, me lembro com carinho de um *e-mail* que recebi de uma leitora pouco depois da publicação do primeiro livro. Dizia: "A capa do seu livro contém uma mentira!".

Eu não conseguia imaginar o que poderia ser, então, respondi imediatamente, perguntando o que ela queria dizer. Sua resposta foi sucinta.

"Debaixo do título, está escrito 'Um diálogo incomum'. Mas não há nada de incomum nisso. Acontece comigo o tempo todo."

A leitora estava certa, claro. Está acontecendo com todos o tempo todo – bem como está no próprio diálogo:

Eu falo com todos. O tempo todo.
A questão não é com quem falo,
mas quem ouve.

Foi o editor que criou aquele subtítulo, e eu só o vi quando o livro foi publicado. Ao vê-lo, não prestei muita atenção. Desde então, porém, muitas, muitas pessoas me disseram que também viveram experiências semelhantes. E muitas outras se comunicaram comigo para me dizer que os livros da coleção *Conversando com Deus* as estimularam a se encontrar com Deus da mesma maneira e produziram resultados maravilhosos.

Tenho certeza de que *não se deve a mim* o fato de outras pessoas dialogarem com Deus, mas posso tê-las ajudado a saber que *poderiam* conversar com Ele, e sou agradecido, com toda a humildade, por ter sido autorizado a fazer parte desse processo maior. Hoje sei, *sem dúvidas,* que esse foi o propósito para o qual as minhas anotações foram aceitas para publicação.

Isso é melhor do que todos os lilases de todas as primaveras da minha vida. Hoje, sou *grato* pelos acontecimentos e pelas circunstâncias que fizeram a primavera de 1992 parecer, na época, pouco "adocicada". O que sinto é gratidão por *todos* os momentos desta minha vida que me impulsionaram e me estimularam durante quase trinta anos.

NEALE DONALD WALSCH

O ÚLTIMO CHAMADO DE DEUS

"Vire à direita, à direita, à direita... agora!"

Era o final da primavera, e estávamos visitando um amigo no litoral norte de Oahu, uma das ilhas do Havaí. Certo dia, Tim ao volante e eu no banco do passageiro, seguíamos pela rodovia quando uma onda súbita de energia subiu pelo meu estômago, encheu meus pulmões e alcançou minha garganta. As palavras saíram da minha boca com tanto ímpeto que meu amigo estacionou o carro na mesma hora.

Embora Tim não pudesse sentir o que eu sentia, ele era meu irmão espiritual e me conhecia bem o suficiente para saber que, se eu recebesse uma mensagem mística, seria recomendável prestar atenção.

Esse desvio imprevisto nos levou a um estacionamento próximo ao mar. Entre nós e a praia estendia-se um gramado verde que parecia um pequeno cemitério. Dois quarteirões à nossa frente, erguia-se um grandioso templo pintado de branco da Igreja de Jesus Cristo dos Santos dos Últimos Dias.

Com uma energia latente ainda revolvendo minhas entranhas, saltei do carro e examinei o perímetro tentando descobrir o que poderia nos ter atraído a esse lugar. Por sorte, Tim confiava bastante em mim, então seguiu minhas orientações.

Enquanto cruzávamos o gramado do parque à beira-mar, minha atenção voltou-se para um pequeno portão que dava para a praia, logo adiante. Desci a escada guiada por uma atração quase magnética. Deixei meu corpo me puxar para a direita. Tim me acompanhava em silêncio, alguns passos atrás.

Foi então que senti – e, um segundo depois, vi – uma luz brilhante um pouco acima do horizonte. Não era o sol; era meio-dia, e o sol estava a pino. Esse ofuscante feixe de luz parecia pulsar, emitindo uma energia tão intensa quanto a do Sol.

A força da luz era irresistível e fascinante. Eu me sentia atraída por ela de uma forma vigorosa, apesar do ardor que causava em meus olhos. Pairando quase sobre a superfície do mar, sua beleza reluzente me atraía; entretanto, sua intensidade me repelia. Eu não conseguia desviar o olhar daquela extraordinária fonte de energia!

Hipnotizada, continuei andando pela praia em ritmo lento, mas constante, até que meu corpo cedeu. Eu não conseguia controlar a magnitude daquela energia. Minhas pernas se dobraram e meus joelhos desabaram sobre a areia. Tim correu e posicionou seu corpo como arrimo para me apoiar.

Apoiada nos braços de Tim e me sentindo confiante, tive a segurança de que precisava para absorver essa experiência por completo. Meu corpo tremia, e lágrimas escorriam pelo meu rosto. A luz havia suscitado em mim uma euforia diferente de tudo o que eu já experimentara. Mesmo com meu corpo convulsionando em soluços, eu não conseguia tirar os olhos do raio de luz ofuscante.

Cada célula do meu corpo incendiava de energia. Algo relacionado à luz me transmitia a sensação de estar em minha *casa*. Senti que poderia ser absorvida por aquele brilho; na verdade, eu ansiava ser tragada por aquele vigor. Eu desejava que aquele momento fosse eterno.

Enquanto eu lutava para manter os olhos abertos a fim de contemplar a beleza e o êxtase diante de mim, ouvi uma voz profunda, baixa e clara transmitir uma mensagem poderosa: *Você vai desejar estar sóbria para viver isto!*

Essa voz estrondosa me surpreendeu com sua clareza e autoridade. Assenti com a cabeça para sinalizar que eu tinha ouvido e entendido. A voz não disse mais nada, e alguns instantes depois a luz desapareceu. Meu corpo voltou à realidade como se a equipe adversária em um cabo de guerra tivesse soltado sua parte da corda. Recostei-me ainda mais em Tim, tomada por uma tristeza inexplicável em virtude do fim daquela experiência.

Tim e eu descansamos na areia, apenas inspirando e expirando juntos; ele ficou esperando que eu falasse. Como eu poderia explicar o que havia acabado de acontecer? Como eu poderia ajudar meu amigo a entender que eu tinha sido transportada deste plano terreno para o que parecia ser outra dimensão... e que Deus havia me servido um prato de êxtase envolto na luz branca reluzente mais bela que eu já tinha visto?

Como eu poderia entender – e ainda mais compartilhar – a euforia incomparável que eu havia sentido e a relevância da orientação que Deus enunciara numa voz retumbante desconhecida?

Por sorte, não precisei dizer uma única palavra. Tim apenas me deixou aproveitar o momento. Ele sabia que eu havia vivido algo que mudaria minha vida, e que eu precisaria de tempo para que meu eu mortal processasse. Tim me ajudou a me levantar e me amparou no caminho de volta para o carro. Eu me sentia cansada e energizada ao mesmo tempo. Talvez Moisés tenha se sentido assim depois de permanecer na presença de Deus na sarça ardente.

A intensidade abrandou, mas a mensagem permanece sempre comigo.

Você vai desejar estar sóbria para viver isto!

Está bem, então.

Seja o que for que 'isto' possa ser, pensei comigo mesma, *farei o que for possível para parecer absolutamente sóbria.*

Apesar de ter abusado do álcool algumas vezes na juventude, nunca tive um problema sério com bebida. Como muitos que crescem em famílias irlandesas católicas, minha relação com o álcool era de amor e ódio. Eu gostava dele em celebrações, como casamentos e aniversários. Eu o detestava quando as pessoas que eu amava bebiam demais, porque o álccol as arrebatava do momento presente e, assim, delas mesmas... e de mim.

Contudo, se o álcool era um obstáculo em meu caminho espiritual escolhido – de estar cem por cento presente em toda a amplitude e na profundidade do despertar –, eu acolhia com enorme prazer essa orientação divina de encarar o futuro totalmente sóbria. Eu já tinha visto centenas de pessoas passando pela vida como sonâmbulas e não queria ser uma delas.

Com o trabalho interior realizado durante muitos anos, essa mensagem divina se revelava para mim de maneira clara e pessoal. Foi por isso que assenti com a cabeça em sinal de compreensão quando ela chegou até mim. *Você vai desejar estar sóbria para viver isto!*

Não se referia apenas ao álcool, mas também a todas as maneiras pelas quais eu estava "adormecida ao volante" da minha vida, optando por anestesiar a dor emocional por meio da bebida, da comida, assistindo à TV de forma compulsiva ou navegando nas redes sociais. Eu sabia que essa mensagem se referia à sobriedade emocional; era um lembrete de que esses vícios poderiam aliviar minha dor por um tempo, porém, também faziam que eu me sentisse desconectada – de Deus, do meu eu superior, da minha essência mais verdadeira e do meu lar.

A poderosa mensagem que recebi naquela praia do Havaí jamais me deixou, como também nunca me esqueci do modo como me foi entregue.

Será que eu teria coragem de falar sobre isso algum dia? Será que eu escreveria sobre isso algum dia? Talvez "sair do armário" a respeito dessa experiência mística fosse o passo seguinte em meu próprio despertar.

Acho que esta mensagem deveria ser dividida com o mundo.

EMILY HINE

BREVE COMENTÁRIO DE NEALE...

Acredito que a presença do Divino é constante e universal, mas admito que nem sempre é perceptível. Deus nem sempre se manifesta de maneiras que poderíamos considerar como difíceis de ocorrer. A vida pode nos surpreender. A presença divina pode se *tornar* perceptível em acontecimentos inesperados, inesquecíveis e milagrosos que nos *asseguram* a existência de Deus.

Esses momentos podem estar entre os maiores "presentes" da vida, contendo em si mensagens poderosas que nos tocam pelo resto dos nossos dias na Terra. Esse maravilhoso testemunho de Emily é um exemplo perfeito. A mensagem aqui é indelével e, nas próprias palavras de Emily, "não se refere apenas ao álcool". Ela recebeu um verdadeiro chamado para despertar, oferecendo a todos nós um convite para afastar as distrações ou atrações diárias que nos fazem perder a nossa ligação com Deus.

Nunca dê por garantidos os momentos gloriosos – os nossos ou os que nos são descritos; e não hesite em explorar as profundezas do significado mais amplo desses mesmos momentos.

A ROLINHA E A MÃO DE DEUS

Assim que finalizei a ligação que havia feito para a clínica veterinária, um barulho alto me assustou, fazendo meu coração disparar. Um pássaro branco prateado havia se lançado de maneira violenta contra a porta de vidro da casa e caíra inerte na beira da varanda. Um silêncio lúgubre se seguiu.

As rolinhas formam casais para a vida toda. Em poucos instantes, uma rolinha macho apareceu e começou a andar ao redor do corpo inanimado da companheira. Diversas outras espécies de aves também se aproximaram, formando um grande círculo, como se esperassem a confirmação da morte. A família de aves parecia prestar sua última homenagem.

Depois de alguns minutos, uma a uma, as aves começaram a voar, afastando-se, deixando o companheiro sozinho em seu processo de luto. A vigília estava apenas começando. Ansioso, ele ficou andando ao redor do corpo inanimado e então sentou-se de modo paciente ao lado da companheira. No entanto, logo se levantou e reiniciou sua caminhada. E, assim, repetiu inúmeras vezes esse ritual de circular e sentar-se... e a outra rolinha não se movia... Uma hora se passou. Fiquei muito consternada diante da história comovente de amor que eu testemunhava.

Esse momento de distração foi proveitoso, pois eu continuei procrastinando, evitando e lamentando o telefonema feito.

Mantendo-me atenta ao casal, tornei-me participante do velório da rolinha, sentindo a tristeza do pássaro sobrevivente. Ainda mais importante, porém, impressionou-me o comportamento dele. Tirei fotos, fiz vídeos e não afastei os olhos da minha varanda. Eu ia e voltava de uma sala para outra para observar de diferentes janelas e, assim, poder ver melhor. Eu estava lá com ele. Mais uma hora se passou... e mais uma... Eu chegaria atrasada para o meu compromisso.

Era hora de me despedir da minha querida cachorrinha de 14 anos. Quatro dias haviam se passado desde a consulta com o veterinário, e eu por fim, depois de muitas reflexões e especulações, havia chegado a uma decisão. Hoje seria o dia. Na ligação que eu acabara de fazer, havíamos confirmado o horário: seria às treze horas.

No entanto, agora, meu coração e minha atenção oscilavam entre a minha aflição e o luto da rolinha. *Consigo por mais algumas semanas. Eu posso cuidar dela,* racionalizava minha mente, enquanto Boo dormia tranquilamente ao lado da minha cadeira. Ela estava desfalecendo e sentindo dor, com vários problemas de saúde; mal conseguia caminhar e não comia. No entanto, meu estado era de negação, e eu não tinha coragem de me separar dela.

O tempo continuou passando, e eu já estava atrasada e evitando meu compromisso. Eu me sentia melhor no drama do pássaro do que no meu. Depois de quatro horas do início desse acontecimento, meu amigo emplumado ainda estava atribulado, mas continuava devotado à sua companheira. E enquanto eu pensava no meu amor pela minha pequena Boo, minha cadelinha *shih tzu*, ouvi alguma coisa.

Julie, você quer internar Boo, mas não tem condições para isso. É hora de deixá-la partir. Você foi uma guardiã dedicada ao lado dela, do mesmo modo que essa rolinha está se dedicando à sua companheira, mas agora é o fim. Ela sabe que você a ama. Chegou a hora.

Depois disso, um cardeal vermelho pousou no degrau de concreto à minha frente e caminhou até a porta de vidro como se fosse um ponto de exclamação. Eu estremeci, observando-o, sem acreditar. O infortúnio da rolinha servira de orientação consoladora do Divino, e eu recebera a mensagem em alto e bom som. Era hora de levar Boo à clínica veterinária e me despedir.

A rolinha enlutada continuou lá por mais de cinco horas, até ser espantada pelos pintores que mediam nossa casa para fazer um orçamento. Fiquei muito triste vendo-a partir.

Naquela noite, resolvi dar um passeio para refletir sobre os acontecimentos e suportar a minha tristeza. Lá pelas tantas, o telefone tocou. Era meu marido, que estava fazendo um *check-in*. Acionei o viva-voz e continuei caminhando, chorando e conversando com ele, contando-lhe a incrível história da rolinha.

Ele me interrompeu e disse: "Você ouviu isso?".

"O quê?", eu perguntei.

"Um cardeal. Acabei de ouvir um cardeal!", meu marido respondeu.

Meu marido é observador de pássaros.

De repente, parei e olhei para o topo das árvores. Eu podia ouvir seu canto intrigante – *mas onde ele estava*? Seguindo seu som, enfim, o localizei no alto de uma árvore próxima. *Seria esse o mesmo cardeal que havia aparecido no degrau?*

Nesse momento, lembrei-me de que ainda não havia mencionado essa parte da história ao meu marido. Então, contei a Kevin a história do meu visitante e descrevi o modo como ele havia se aproximado da porta de vidro. Kevin, que não é dado a assuntos metafísicos, me surpreendeu ao dizer: "A visita de um cardeal é indicação de que a pessoa que você ama está bem e não será esquecida!".

Essa foi outra "mensagem de Deus", emitida por intermédio da boca do meu marido. Esse emissário de condolências fora enviado de modo misterioso ao lugar e ao momento perfeitos.

Que grandiosa despedida das mãos cocriadoras de Deus!, eu pensei. Contudo, esse não foi o fim da minha história.

Meu amigo de penas vermelhas continuou voltando todos os dias e tem voltado até hoje; faz vinte e cinco dias, ao todo. Ele vem direto até a minha porta de vidro, saltita e paira pelo jardim e fica à vontade em meu santuário particular e tranquilo. Nossas conversas se aprofundaram. Em meio à minha alegria com nosso relacionamento, colhi percepções notáveis e tive uma orientação contínua sobre um projeto importante em que estou trabalhando. O cardeal vem me dando respostas diretas às minhas perguntas mais cruciais e tem me ensinado muito mais sobre a vida e sobre mim mesma do que sobre a morte.

Logo depois, os papa-figos também começaram a falar comigo. Fora das minhas portas de vidro, um diálogo animador teve início, inspirando minha escrita como uma musa criativa e proporcionando uma nova centelha espiritual à minha vida e ao meu trabalho. O universo vivo e consciente tornou-se um parceiro ativo e coevolutivo em meu ofício, expressando-se em uma presença mais íntima e imediata do que nunca.

Alguma conexão mágica se abriu para mim naquele "dia da rolinha", que deu início a um novo nível de comunhão com a natureza. O Criador está se comunicando de forma mais direta – não simbólica –, de modo especial, por intermédio dos seres alados em meu refúgio no quintal. Parece uma conversa estável e contínua, que demonstra que não há separação entre nós e Deus. Eu era clarividente, clariaudiente e vidente – capaz de ver, de ouvir e de conhecer além dos meus sentidos –, mas essa experiência me ensinou uma linguagem totalmente nova, que está além da minha intuição normal.

O papa-figo me disse que essa capacidade inata é antiga. É a linguagem primordial de muitas culturas, e todos os seres humanos têm essa aptidão. Estamos aprendendo a desenvolvê-la com mais habilidade hoje. É hora de desacelerar, sintonizar, ouvir e ser o canal sagrado do amor na Terra, onde cada experiência se torna uma dança mágica com o universo. A informação está em toda parte, o tempo todo.

Essa experiência, que começou com uma rolinha batendo na minha porta de vidro, comprovou que algo maior do que eu existe e está aqui para me ajudar. Esse algo maior vem sendo uma bênção durante um período de transformação da minha vida, incentivando-me a participar de modo direto de uma conversa divina, cocriativa. Atraiu minha atenção e minha curiosidade, tirando-me da minha prática devocional e da minha contemplação e levando-me de maneira prazerosa para o jardim.

Serei eternamente grata à rolinha que deu sua vida para despertar outra.

Doutora Julie Krull

BREVE COMENTÁRIO DE NEALE...

Não consigo imaginar alguém que não fique tocado por essa história de um modo profundo. Sentir a dor da perda da rolinha pode levar à lembrança das nossas próprias perdas na vida. Julie, então, nos abre para a sabedoria do que ela poderia muito bem ter chamado de "regra cardeal" da vida: não lamente nem perca o que está acontecendo neste exato momento à sua frente. Descubra o propósito profundo do que testemunha para o levar adiante em seu caminho de evolução.

Às vezes, é a despedida de um parceiro querido nesta jornada. Às vezes, é a observação inesperada, quase improvisada, momentânea, de alguém próximo a nós. A vida nos abre para suas verdades mais significativas e poderosas em cada oportunidade. Nos presenteia com modos de aprofundar a compreensão da nossa jornada aqui na Terra.

Quando a vida terrestre termina (para uma pessoa, um animal de estimação ou mesmo para um pássaro selvagem), alcança a recompensa de uma vida eterna e feliz no reino espiritual, de onde toda a vida física procede e para onde retorna. A experiência de Julie abre a porta para todos nós olharmos profundamente para cada evento diário como se fosse uma comunicação da Divindade em todas as suas formas. Sua história nos estimula a ver a bênção envolvida em cada acontecimento – inclusive a nossa bênção de poder libertar um companheiro amado.

VIAGEM AO CORAÇÃO

Meu avião tinha acabado de pousar depois de sobrevoar Uluru, marco icônico da Austrália Central. Essa imponente rocha avermelhada erguia-se de forma majestosa do coração do deserto vermelho, repleto de segredos incalculáveis para os que estivessem dispostos a ouvir. Quanto mais eu a admirava, mais ela parecia brilhar de modo intenso. Eu não sabia que o Divino, em uma de suas diversas formas, estava esperando para falar comigo.

Outras sete mulheres me acompanhavam nessa jornada de uma semana que prometia trazer-nos mais amor, paz e harmonia em um ambiente seguro e belo. Já fazia algum tempo que eu queria explorar o interior da Austrália e estava ansiosa para aprofundar minha experiência de amor-próprio. Quando ouvi falar dessa viagem, considerei-a a oportunidade perfeita.

Junto ao balcão do setor de achados e perdidos, descrevendo minha mala enorme e pesada, comecei a entender, em meu interior, que o Divino já me dava seu recado: *Livre-se dos fardos pesados. Eles a estão sobrecarregando. Você não precisa mais levá-los como bagagem.*

Assim, tive o pressentimento de que essa não seria a semana de prazer que eu havia imaginado. Fiquei tentada a pegar o próximo voo de volta, mas já era tarde demais.

Senti Uluru ao meu lado como uma testemunha silenciosa, uma parceira e facilitadora, ajudando com sua energia poderosa a desarticular meu modo de ser – velho e estagnado. Eu podia ouvi-la sussurrar: *Para criar o novo é preciso romper com o velho; só então você pode abandoná-lo. Você pode se sentir abandonada neste momento, mas não está sozinha. Eu estou ao seu lado. Sinta o que for possível, querida. Livre-se de tudo e abra espaço para o novo chegar.*

Sentei-me num montículo de terra vermelha de frente para aquela grandiosa e sábia rocha-mãe e comecei a soluçar. Vidas inteiras de tristeza se derramaram, lambuzando meu rosto com lágrimas e poeira. Uluru observava de um jeito paciente. Eu podia sentir sua presença amorosa. As palavras não eram necessárias.

Chorei muito durante alguns dias, mas então minhas lágrimas secaram, como o árido solo sob os meus pés. Eu estava em sincronia com o centro vermelho.

No entanto, eu não tinha tempo de parar. Tínhamos agendado mais um lugar para visitar. No meio do deserto, a horas de distância de Uluru, há um lago profundo que se formou entre as rochas. A água desse lago parecia fluir das profundezas. Esse oásis escondia-se no final de uma longa e empoeirada trilha, onde a sombra dos carvalhos do deserto propiciava algum refresco contra o Sol escaldante.

Sentei-me em silêncio num banco, cansada demais para falar. As outras pessoas do grupo conversavam à beira do lago. Suas ocasionais gargalhadas me faziam perceber o quanto me sentia isolada. Eu ansiava por me conectar ao amor de novo. Depois de um tempo, as pessoas se afastaram.

Aliviada com o silêncio e sozinha em meio à natureza, tentei absorver tudo o que estava acontecendo. Meus sentidos ganharam vida; as cores pareciam mais vivas, e os sons, mais altos. Hipnotizada, observei uma libélula voar rente à água parada, formando um conjunto de pequenas ondulações com suas asas refletindo os raios do Sol. Acompanhei seu voo à minha direita em direção às rochas vermelhas que circundavam a pequena enseada até ela desaparecer em uma fenda.

Senti uma presença amorosa nas rochas acima de mim. Então, uma delas começou a assumir os contornos de um rosto humano. Um nariz largo formou-se aos poucos a partir da superfície da rocha, seguido por dois olhos gentis e lábios grossos e generosos. Sua enorme capacidade de transmitir amor encobriu sua forma e irradiou-se pelo lago, pairando de um modo sutil na minha frente, preenchendo meu coração. Senti-me tocada de um jeito profundo, confortada e aliviada à medida que essa imagem fluía como mel cálido pelo meu corpo. Todas as lembranças tristes dos últimos dias se dissiparam.

No silêncio, pude ouvir o amor falar: *Descanse de um modo profundo agora. Você está segura. Estou ao seu lado onde quer que você esteja. Sou uma pequena semente vivendo dentro de você. Alimente-me e cuide de mim. Seja gentil, carinhosa e paciente consigo mesma para que possa lembrar-se de tudo o que é.*

Não sei quanto tempo fiquei lá sentada, saboreando esses momentos sagrados, que eu não queria que terminassem. Por fim, minha amiga se aproximou para me levar ao ônibus. Voltei à realidade com relutância, sentindo que precisaria de alguns minutos para me levantar e sair dali.

"Onde você esteve?", ela me perguntou. "Seu rosto está brilhando... e nunca vi você dar um sorriso como esse em todo o tempo que estivemos aqui."

No entanto, não consegui encontrar palavras para responder. Eu ainda saboreava o momento.

Percebi naquele dia que a mudança é inevitável, mas o sofrimento é uma escolha. Ah, sei que ambos vão pedir que eu pegue suas mãos ao percorrermos uma estrada desconhecida e repleta de obstáculos. Vou tomar esse caminho... mas, em vez de sofrimento, vou caminhar com essa pequena e amorosa semente dentro de mim, que sussurra: *Vamos caminhar juntas, não vamos?*

YAELLE SCHWARCZ

BREVE COMENTÁRIO DE NEALE...

Esse testemunho de Yaelle nos lembra que a voz de Deus – e, sim, mesmo uma *aparência* que Deus assume de repente para nos ajudar a visualizar o Divino – pode surgir do nada, e muitas vezes, de fato, surge. Às vezes, acontece nas formas e nos lugares *menos convencionais*. Um rosto emergindo de uma formação rochosa? Sim. Uma voz ecoando do nada? Sim. Uma sensação inesperada de conforto e alívio? Sim.

E uma mensagem que talvez nunca tenhamos enviado a nós mesmos, mas que surge em nossa consciência como uma realização importante? Sim, também isso é possível. As experiências aqui relatadas nos dizem, em termos bem claros, de uma maneira maravilhosa, que não precisamos trilhar nosso caminho sozinhos – nunca. *Podemos* fazer essa coisa chamada "vida" juntos. Na verdade, *estamos* fazendo isso juntos.

A vida se esquematiza para nos mostrar essa verdade, como fez com Yaelle – e agora, por causa das palavras de Yaelle, ela expõe a verdade *por intermédio* dela. Mencionei aqui que é benéfico para nós nunca considerarmos os momentos gloriosos como garantidos – nem os nossos nem os descritos por outros. Nunca devemos deixar de explorar as profundezas do seu significado mais amplo.

Qual é o significado mais importante que eu encontrei na história de Yaelle sobre seu contato com o Divino? Que Deus está sempre conosco e não se detém diante de nada para nos deixar isso claro – *inclusive levando você a ler esse relato neste momento.*

USE SAIAS

Adoro ver como Deus é engraçado, direto, insondável, mas sempre preciso.

Eu trabalhava como coordenadora de educação especial em uma escola particular. Em nossa coordenadoria regional de educação, as escolas particulares funcionavam em prédios próprios, mas a administração pública local nos pagava para trabalhar com alunos que as instituições de educação especial regulares não tinham condições de receber. Em alguns casos, as necessidades dos alunos superavam os recursos disponíveis ou o comportamento de muitos deles era incontrolável ou imprevisível. Vários dos nossos alunos foram encaminhados ao sistema de justiça criminal, por estarem envolvidos com gangues e com o tráfico de drogas.

Não era um lugar fácil para trabalhar. Os membros do corpo docente eram muito cautelosos e viviam tão nervosos quanto os alunos. Eu não podia culpá-los. Fazia-se necessária toda a força que conseguiam reunir só para enfrentar esses estudantes todos os dias – a maioria deles fora diagnosticada com "distúrbio emocional".

O corpo docente também não estava acostumado a dar satisfação a ninguém, pois a escola nunca tivera um coordenador de educação especial antes. Eu era a primeira, e mulher branca. A minha presença interferia no tênue equilíbrio que os professores e os alunos haviam estabelecido. O acordo tácito entre eles era este: haveria pouca aprendizagem, mas brigas e outros atos de violência seriam reduzidos ao mínimo.

Eu tinha uma missão. Eu queria melhorar os índices de aprendizagem para o maior número de alunos possível, mas também estava disposta a proporcionar melhores condições de trabalho para os professores. Nem os alunos nem os professores e funcionários queriam a minha interferência.

O diretor da escola me pediu que convocasse uma reunião de professores para explicar minha função, expor-lhes como eu poderia ajudá-los e avaliar como o nosso trabalho em conjunto refletiria entre os alunos. A reunião foi um desastre. Os docentes se jogaram em suas cadeiras, com braços cruzados e queixos erguidos em desafio. Sempre que eu tentava falar, dois deles começavam a conversar em voz alta sobre algo irrelevante.

Tentei fazer perguntas sobre o que achavam que poderia tornar seu trabalho mais fácil. Eles se recusaram a responder. Apresentei algumas ideias novas. Eles começaram a jogar seus lanches um para o outro pela sala. Quando perguntei sobre momentos de sucesso que haviam tido com os alunos, um professor se levantou e saiu da sala, seguido pelos demais em pequenos grupos. Por fim, apenas o administrador e eu ficamos na sala.

Claro, eu me questionei. *O que, em nome de Deus, estou fazendo aqui?*

Naquela noite, em casa, eu me deitei no chão do meu quarto e deixei as lágrimas escorrerem dos meus olhos até pingarem no tapete. Eu me sentia humilhada, frustrada, irritada e impotente. No entanto, não tive vontade de desistir. Depois de me acalmar um pouco e me alimentar, voltei a me deitar no chão do meu quarto, no escuro, e fiquei me perguntando o que deveria fazer. Como eu poderia ajudar e apoiar tanto os professores quanto os alunos? Pensei que teria algumas boas ideias sobre como chegar a alguns alunos – mas nesse momento meu coração doía.

Perguntei a Deus o que poderia fazer.

Use saias, foi a resposta.

Caramba! O que isso quer dizer?

Isso mesmo. Essas foram as palavras que recebi. Eu sabia que essa mensagem era de Deus por ser algo natural, simples e fácil de fazer. E essa resposta se fez acompanhar de uma sensação de tranquilidade e paz que inspirou meu coração. Fiquei deitada no chão por mais alguns minutos, deleitando-me com aquela sensação de paz e amparo profundo. Deus me parecia uma mãe estendendo a mão para a filha. O Divino queria que eu me levantasse do chão e fosse em frente.

A implicação, pela qual serei eternamente grata, era que *Deus* valorizava o trabalho que eu havia escolhido realizar – mesmo que as pessoas envolvidas parecessem não ter o mesmo sentimento.

Então, muito bem! *Use saias*. Não sou "de usar saias", mas, na época, eu tinha algumas. Tirei-as do fundo do armário e coloquei-as sobre a cama. Depois, vasculhei e encontrei algumas blusas que dariam conta do recado.

Do dia seguinte em diante, passei a vestir saias para ir à escola.

A primeira coisa que observei foi que alguns alunos mais jovens começaram a me chamar de "senhorita", em vez de me chamarem por alguns dos nomes mais depreciativos com que se referiam a mim poucos dias antes. Talvez me vissem mais como uma figura de avó de saias. Isso foi estimulante.

Quando os alunos mais velhos viram os mais novos conversando comigo, acharam que era seguro confiar em mim. E quando os professores e funcionários me viram interagindo com os alunos e até sorrindo e, de vez em quando, brincando, concluíram que eu não era o inimigo. Depois de eu usar saias por duas semanas, um dos professores pediu desculpas por seu comportamento naquela reunião malsucedida.

Na verdade, nunca me adaptei àquela escola, mas a ideia não era me adaptar. O objetivo era construir relações sinceras com algumas pessoas de lá, e isso eu consegui. Trabalhei lá por mais de um ano e usei saia todos os dias, embora raramente tenha usado uma saia desde então.

Durante aquele ano, ajudei de muitas maneiras. Assumi uma disciplina por algum tempo. Elaborei um Plano de Educação Individualizada para cada aluno. Reuni-me com pais e conselheiros. Dei início a um programa de estudo independente para ajudar alunos que tinham dificuldade de chegar à escola.

Certo dia, um aluno do nono ano do meu programa de estudo independente chegou à escola ofegante. Ele explicou que havia saltado do ônibus várias paradas antes e tinha corrido o restante do caminho porque algumas crianças começaram a importuná-lo, tentando pegar sua mochila. Ele disse que lhes teria dado a mochila se nela não estivesse um livro, *O Doador de Memórias*, de Lois Lowry.

"Nunca vou largar este livro", ele disse com firmeza.

Era o primeiro livro que ele lia e lhe fora dado por sua professora – eu.

Nós dois choramos um pouquinho. Eu pude ver Deus agindo com a ajuda das saias esquecidas no fundo do meu armário, seu amor brilhando através dos fios em direção ao coração dos alunos ressentidos e assustados sob meus cuidados.

SUE BRYAN, PH.D.

BREVE COMENTÁRIO DE NEALE...

Acredito que a parte mais interessante da experiência de Sue é que as palavras que recebeu quando pediu ajuda a Deus não faziam sentido para ela. Pareciam não ter nada a ver com *nada*. Essa história fascinante nos lembra que, às vezes, os *insights* que recebemos quando oramos pedindo a ajuda de Deus podem parecer totalmente desconectados da situação em questão. Pode ser uma palavra casual de um amigo que acabamos de encontrar na rua... ou as palavras no painel na próxima curva da rodovia... ou a letra da próxima música no rádio do carro. Esses auxílios que parecem desconexos podem soar estranhos e desvinculados da nossa oração.

No entanto, esse relato de Sue confirma o que acontece na minha vida e na vida de outras pessoas: quando pedimos ajuda de forma direta a Deus, é importante *prestar atenção no que acontece em seguida.* Observar com atenção tudo – e quero dizer *tudo mesmo* – o que surge em sua frente nos momentos seguintes a um apelo ao Divino. Assim, não ignore de imediato o que apareceu em seu caminho – porque pode ser mais relevante para enfrentar um desafio ou resolver um problema do que parece à primeira vista.

A experiência de Sue me faz lembrar que a Divindade opera de maneiras mágicas para realizar seus prodígios. Sue apenas seguiu o conselho de Deus. Ela vestiu saia e, ao confiar no que ouviu, contornou o que poderiam ter sido infindáveis momentos infelizes e debilitantes em seu trabalho, e então conseguiu cumprir sua missão de ajudar outras pessoas.

LEMBRE-SE, VOCÊ TEM O MEU CORAÇÃO

Eu estava com sintomas de problemas cardíacos. Aos 39 anos, eu era muito jovem para ter um ataque cardíaco – mas eu havia morado bem na frente do Marco Zero e observara os trabalhadores recolhendo os entulhos dos edifícios destruídos com os ataques terroristas de 11 de setembro. Depois disso, fiquei doente. Então, eu temia ter uma recaída. Meu médico prescreveu o uso de um monitor Holter durante duas semanas para avaliar minhas funções cardíacas.

Respondendo a um chamado interior para iniciar meu caminho espiritual e de serviço ao próximo, eu dera um novo rumo à minha vida no auge da minha carreira profissional para cursar mestrado em Teologia. Senti como se tivesse saltado de um penhasco para o fundo do abismo. Eu me vi num estado de total capitulação. Essa nova crise de saúde trouxe tudo isso à tona.

Meu seminário teológico parecia mais uma escola de mistérios dirigida por místicos modernos que tinham como missão proporcionar a cada aluno o máximo de experiências enriquecedoras e luminosas possível em nosso tempo relativamente curto juntos. Eu adorava o seminário, mas nesse momento eu sentia medo e estava confusa. *Por que estou tendo problemas de coração? Será que a vida me reserva mais uma provação espiritual e está prestes a desferir um segundo golpe?*

Nesse período de saúde abalada, durante uma das aulas, tive uma visão. Eu estava absorta na exposição do professor quando, de repente, sua voz esmoreceu, como também todos os sons na sala de aula. O rosto de Jesus Cristo, Yeshua, apoderou-se da minha visão.

Tudo o que eu conseguia ver era Yeshua, seu rosto inteiro, de frente, dourado, sem dúvidas, presente em todos os meus sentidos. O mundo era só Yeshua e eu. Eu me senti subjugada pelo amor divino, pelo deslumbramento e por sua incrível graça. Comecei a chorar, sentindo-me totalmente imersa no amor de um outro mundo, como se todo um reino e uma dimensão diferentes tivessem se aberto.

Solte-se, deixe-me entrar, ele sussurrou.

Entreguei-me... com facilidade. As mãos de Yeshua entraram no meu peito e arrancaram meu coração – e ele me deu o dele. Eu me senti transformada e integrada no mesmo instante. Foi uma experiência profunda, inquestionável e misteriosa. Em estado alterado, senti-me entorpecida e paralisada, não conseguia falar nem ouvir.

De súbito, eu quis saber se alguém havia notado o que acabara de acontecer. De modo surpreendente, numa turma com outros sensitivos, ninguém parecia ter notado nada.

Na volta para o hotel com minhas colegas, tudo o que eu conseguia fazer era olhar pelo vidro da minivan lotada sentindo as lágrimas emanadas de um anseio profundo. Aquela experiência havia sido de uma profunda dissolução no amor, mas me deixou com uma sensação de separação e tristeza. Eu queria estar em qualquer lugar, menos neste espaço terrestre. Minhas colegas de curso notaram que eu estava em algum lugar muito agradável e reagiram de um modo muito respeitoso, sem interferir nem questionar, deixando-me com meus pensamentos e sentimentos.

Nos dias seguintes, assistindo às aulas das diferentes disciplinas nesse ambiente atraente e quase piedoso, eu me senti isolada de um modo estranho – plena e vazia na mesma respiração. Houve momentos em que senti a presença Divina, o amor incondicional e uma conexão sublime com o inefável. Suponho que isso seja algo que todos nós experimentamos. Essa é a dualidade de estarmos em uma forma humana, separados de Deus, mas com a consciência interior de que somos criados nos reinos divinos de tudo o que existe.

Os últimos dias do curso foram repletos de novas epifanias, sem dúvidas, ligadas à minha troca de coração com Yeshua, que havia efetuado uma renovação da coragem. A mais significativa delas foi a que ocorreu em relação ao *chakra alta-maior*, que nas tradições antigas e esotéricas é conhecido como a "Boca de Deus / da Deusa".

Quando despertado, o chakra alta-maior forma uma ponte energética com o chakra do coração superior, ou timo. Essa conexão sustenta a eventual formação do *antahkarana*, um dos cordões do desenvolvimento da personalidade que a liga à alma. Essas percepções profundas tornaram-se o tema da minha dissertação de mestrado no curso de pós-graduação.

Sou eternamente grata pela renovação de vida que recebi de Yeshua. Meu coração físico está curado, e, desde aquele dia, sempre que enfrento dificuldades, ouço a voz de Yeshua dizer: *Lembre-se, você tem o meu coração.*

Reverenda Tiffany Jean Barsotti, Ph.D.

BREVE COMENTÁRIO DE NEALE...

A maravilhosa história de Tiffany nos lembra que, quando pedirmos ajuda a Deus – ou, como neste caso, quando, tomados de aflição, lhe apresentarmos um problema –, receberemos uma resposta. Com frequência, a resposta surgirá no contexto da nossa vida pessoal.

Quando atuava como jornalista e escritor durante grande parte dos meus 20, 30 e 40 anos, eu entrevistava as pessoas fazendo perguntas diretas e incisivas e registrando as respostas com rapidez. Não me surpreende que a minha experiência direta com Deus se assemelhe muito à experiência descrita nesse relato. Tiffany era aluna em um seminário teológico. Não surpreende nem um pouco que sua experiência direta com Deus ocorresse consoante uma relação poderosa e instantânea com a entidade Divina que, com certeza, deve ter sido objeto de grande parte dos seus estudos.

O contexto em que você expressa sua vida pessoal no reino físico pode formar um receptáculo sagrado dentro de você que pode conter a incrível realidade do Divino. Minha percepção hoje é que Deus se comunica conosco escolhendo o modo como podemos e iremos nos relacionar com Ele com mais facilidade. Então, temos condições de sentir, em um novo nível de intensidade, o que Tiffany chama de "a dualidade de estarmos em uma forma humana, separados de Deus, mas com a consciência interior de que somos criados nos reinos divinos de tudo o que existe".

Dualidade não significa separação de qualquer parte da realidade última – na verdade, é bem o oposto. Somos duais, o que significa *duas coisas* ao mesmo tempo: humanos e divinos. Somos, portanto, um com todos os outros e com Deus. Deus colocou o coração da Divindade em *todos* nós. Essa é a mensagem que recebo com esse relato.

ELE ME RESPONDEU

Venho orando a Deus desde que era uma menina assustada de 8 anos, quando minha mãe me levava apressada para a cama, para que meu pai alcoólatra não me maltratasse. Eu rezei a Deus aos 15 anos, quando voltava para a cidade na traseira de uma picape depois de ter sido estuprada. Invoquei Deus aos 16 anos, quando fugi de casa com uma amiga por uma semana, ultrapassando as fronteiras estaduais.

Orei quando meu meio-irmão e sua esposa tiraram a própria vida. Orei quando meu namorado me bateu e ameaçou me "cortar em pedacinhos para que ninguém nunca soubesse que eu estive aqui".

Tive muitas discussões com Deus quando dois sobrinhos meus nasceram com doenças graves. Fiz centenas de perguntas a Deus quando uma pessoa da família matou uma das suas filhas e espancou outras duas. Deus e eu tivemos uma longa conversa no dia do meu casamento, quando eu soube que estava me casando com o homem errado. Tenho conversado com frequência com Deus a cada tragédia e a cada momento prazeroso da minha vida. Nossa conversa continuou quando cada um dos meus três filhos nasceu.

Minha família me educou para orar a Deus tanto quanto possível. Eu confiava em Deus para que me orientasse. No entanto, nesses momentos assombrosos, atrozes e trágicos da minha vida, nunca ouvi Deus falar comigo. Eu elevava cada um dos meus pensamentos a Ele, mas não conseguia ouvir uma única resposta. Minhas orações acabavam sendo monólogos.

Depois de sete anos de casamento, meu marido saiu de casa. Eu tinha certeza de que depois de algum tempo longe de mim e das crianças ele perceberia o erro que cometera – mas isso nunca aconteceu. Começamos o processo de divórcio. Eu me vi sozinha com três meninos de menos de 4 anos. Fiquei apavorada.

Essa foi uma experiência nova para mim, bem diferente de quando só eu estava envolvida. Agora, eu precisava proteger. Nesse momento, eu tinha três vidas preciosas que dependiam de mim. Toda dia, eu fazia de tudo para não cometer os erros que vi outras pessoas cometerem durante seus divórcios. Eu observava cada movimento, perseverando sempre, tentando estar presente na vida dos meus filhos e cuidando deles.

Vendi cada peça de qualquer coisa que tinha valor sentimental para mim para podermos sobreviver financeiramente. Procurei dar tudo o que podia sem que meus filhos percebessem como era difícil. Com um aspirador velho, um esfregão e um balde, comecei minha própria empresa de limpeza. Ainda assim, muitas vezes, não conseguia nem imaginar como iria superar cada dia e manter a casa. Eu roubava de Pedro para dar a Paulo – no entanto, Paulo estava sempre de bolso vazio.

Numa noite fria de inverno, cansada depois de limpar o escritório de um dos meus clientes, eu me senti desanimada e arrasada. Enquanto passava o esfregão no chão e limpava os espelhos do banheiro, tentava conter uma sensação de impotência que nunca havia sentido antes. O esforço e a pressão escorriam do meu corpo. Eu não tinha mais energia para negociar com os inúmeros cobradores nem para atender às necessidades dos meus filhos. Estava fracassando com eles. A sensação era deprimente.

Saí na noite fria e enevoada e me sentei no meu carro, chorando, esperando enquanto o motor aquecia. Eu sabia que precisava tomar uma decisão. O tanque de gasolina estava vazio, e eu só tinha dez dólares na conta bancária. Precisava decidir se abasteceria o carro para voltar para casa e ver meus filhos ou se compraria fraldas, de que eles precisavam com urgência. Não havia dinheiro suficiente para as duas coisas.

Diga-me o que fazer, implorei a Deus, ainda sentada e argumentando comigo mesma. Meu instinto me dizia para abastecer o carro, pois eu sempre poderia fazer uma fralda com uma camiseta ou uma toalha de mão.

Lembro-me do frio que senti no ar e do cheiro dos vapores do tanque vazio. Procurei me consolar e me lembrar das muitas situações que havia superado na vida. *Este é apenas mais um obstáculo*. No entanto, eu não tinha certeza de que conseguiria continuar nessa montanha-russa que chamava de minha vida. *Como posso continuar?*

Ao entrar no posto de gasolina mais próximo, cerrei os olhos, tentando enxergar através dos flocos de neve que caíam do céu escuro. Quando saí do carro e enfrentei a temperatura congelante, meu pé partiu o gelo e afundou numa poça de água. Nesse momento, perdi toda a esperança.

Olhei para o meu pé e, ali, na poça de lama gelada, consegui avistar uma coisa – uma nota de dez dólares. Entrei no carro de novo e chorei convulsivamente, agradecendo a Deus essa bênção.

Não tive dúvidas de que Ele era a razão de eu ter achado aquele dinheiro. Então, enfim, ouvi Deus falar comigo do fundo da minha alma, tão claro como a voz de um pai pleno de amor. Ele disse *Eu tenho você... Vou sempre ter você!*.

Virei a cabeça, girando-a de um lado para outro de maneira insana, procurando descobrir de onde vinha aquela voz de homem; no entanto, não havia ninguém. O rádio estava desligado; não tinha nenhum outro carro no estacionamento;

eu era a única pessoa por ali. Senti-me envolvida em um cobertor quente e confortável, uma sensação que nunca havia experimentado em minha vida. Fiquei sentada tremendo não apenas por causa do ar penetrante da noite, mas também do assombro e da reverência.

Eu havia falado com Deus a vida toda sem nunca ter recebido uma resposta... até aquele momento. Eu soube, então, que Deus havia me respondido e que sempre tinha me ouvido.

M. J. Stanton

BREVE COMENTÁRIO DE NEALE...

Se olharmos com cuidado e constância, veremos que Deus, às vezes, se comunica conosco por meio do que poderíamos chamar de "um pequeno milagre". Pisar com o pé, literalmente, numa soma exata do dinheiro necessário, no momento em que mais se necessita, podemos chamar isso de milagre? Hum... Você acha? Bem, a minha resposta é *sim*! Milagres acontecem, tanto os grandes quanto os pequenos.

Mas quer saber? No passado, eu sentia falta deles. Eu *não enxergava por onde caminhava*. Eu prestava muito mais atenção nas situações que havia vivido e a tudo o que havia suportado. Eu ficava preso às coisas que aconteciam no momento, das quais não gostava, ocupado demais para *pensar* que meu próximo passo poderia me levar a algo melhor – ou mesmo produzir um milagre.

Como meu pai dizia quando eu me recusava a comer brócolis, "Filho, você não sabe o que está perdendo!". Eu aprendi essa lição. Hoje em dia, eu devoro todo alimento da vida... Até mesmo as partes que não parecem muito atraentes. E continuo andando, recusando-me a deixar que a aparência das coisas me detenha. A história de M. J. me lembra que sou sábio ao proceder desse modo, porque o milagre de amanhã pode estar bem debaixo dos meus pés.

Esse relato nos mostra não apenas que milagres ocorrem, como também que Deus fala conosco o tempo todo, de diferentes formas, nos enviando a mesma mensagem: *Eu tenho você... Vou sempre ter você.* Ele se comunica com todos nós até mesmo em nosso último momento na Terra – ou talvez *sobretudo* se for o nosso último momento na Terra.

O PACTO

No ano da pandemia, a trajetória da minha vida mudou. Ainda ouço meus gritos e sinto meus punhos batendo em minha cabeça, implorando que não fosse verdade. Lembro-me das ondas frias de choque e do estalo dos meus joelhos batendo no chão. As palavras "seu filho morreu em uma colisão frontal" irão me assombrar para sempre.

Alguma coisa foi alterada na minha estrutura molecular naquele dia. Tudo o que eu acreditava estar certo no mundo virou de cabeça para baixo – e sem mais nem menos se tornou errado de um modo irremediável. Ver meu filho querido dentro de um caixão baixado numa cova... A pessoa que criei no meu ventre foi arrancada desta Terra para ser enterrada nela. Essa perda me dilacerou até o âmago do meu ser. Parte de mim deitou-se no caixão com meu filho naquele dia, desejando não voltar nunca mais à superfície.

No ano da pandemia, perdi minha base firmada em Deus. Tudo o que me era sagrado despencou no vazio. Minha fé se extinguiu. Nada mais era seguro.

Desde muito jovem, eu acreditava em tudo o que assumia um caráter místico: anjos, santos, deuses e deusas, o Espírito Santo, o céu, o Universo e os seres superiores. Todos revestiam a minha percepção do mundo como um precioso e delicado tecido diáfano. Eu tinha um saber inato da alma e do espírito e um vínculo especial com a natureza. Eu me deleitava com o Divino e explorava os mundos exteriores da consciência cósmica.

Tudo isso servia como um meio de comunicação com Deus. Eu cresci para ser um anjo harpista da Terra, uma encantadora de animais – um canal para todas as modalidades do Divino.

Quando me perguntavam o que era mais precioso para mim, a resposta era sempre "os meus filhos e a minha divindade", porque os dois estavam interligados de maneira intrínseca. Meus filhos eram milagres que testemunhavam a minha fé. Assim, no nascimento de cada um, Deus e eu fazíamos um pacto. Deus protegeria meus filhos e os manteria afastados do mal – sempre, sempre.

No dia 21 de agosto de 2020, esse pacto se desfez.

E, no dia em que meu filho morreu, Deus morreu com ele.

Perdida no turbilhão da dor, flutuei pelos dias seguintes num estado de fuga do pavor existencial. Minha alma se sentiu desfragmentada da existência maior. Eu subi na borda externa do núcleo da vida com um pé nos planos astrais e outro em terra firme. Eu era uma morta-viva ambulante, e o meu fantasma me seguia por todos os cantos. Uma dor interminável me levou ao desespero. Hora após hora, eu gritava: "Meu menino, meu menino, meu menino...".

Implorando um milagre, conversei com espaços vazios tentando encontrar meu filho. Eu precisava saber que ele estava seguro. Eu não precisava acreditar em Deus para saber que meu filho tinha ido para o céu.

Eu só precisava acreditar no céu.

A cada dia que passava, eu escorregava mais e mais no precipício. E, então, outro fato impensável aconteceu. Nove meses depois da morte do meu filho, eu estava diante da minha médica com a mesma sensação de choque frio ao ouvir as palavras "É câncer de mama...".

Enfrentar a minha mortalidade me levou a uma crise existencial. Desci tanto às profundezas do abismo que os ecos de mil anjos não conseguiriam me alcançar, muito menos a voz de Deus. De uma forma secreta, eu via a morte como uma oportunidade para me juntar ao meu filho. No entanto eu sabia que, se estivesse vivo, ele iria preferir que eu lutasse, que devolvesse alguma coisa à vida.

Em meio a tudo isso, minha filha proferiu palavras que me tocaram: "Mãe, não posso perder você também...".

Eu tinha duas opções: aceitar a vida ou desistir dela. Eu não sabia, na época, mas algo maior do que eu decidiria.

Deitada na mesa cirúrgica em contagem regressiva da anestesia, pedi a meu filho que viesse a mim. Orei ao Deus que eu acreditava ter me abandonado – e à Fonte, a qualquer coisa ou pessoa que pudesse me ouvir. Então, tudo ficou branco.

Uma parte distante de mim ouvia vozes: "A frequência cardíaca está caindo; aumentar o oxigênio!".

Eu estava na sala de recuperação pós-anestésica, entremeando momentos de consciência e inconsciência, quando um portal para outro mundo se abriu. Deparei-me com um reino onde a cacofonia da dor silenciava e tudo o que permanecia era o ritmo suave de algo semelhante a um batimento cardíaco. Um sentimento de profundo amor apossou-se de mim ao mesmo tempo em que frequências confusas vibravam em minha cabeça.

Então, meu filho apareceu. Quando me envolveu com seus braços, eu soube que esse era o céu, o céu de que falávamos quando ele era criança. Pela primeira vez desde sua morte, não senti dor. Eu queria ficar com ele para sempre.

Uma voz rompeu a barreira. "Deborah, Deborah... Vamos, acorde!"

Eu não queria deixar meu filho. Senti o mundo me puxando de volta ao mesmo tempo em que eu o agarrava, desejando ficar nessa outra dimensão. Então, a dor voltou. Eles venceram.

"Está tudo bem, você está em recuperação..."

Mesmo estando atordoada e desnorteada, fiz o possível para recobrar a consciência.

Mais vozes: "Você passou por momentos difíceis. Tivemos dificuldades para fazer você despertar... Você se engasgou e não conseguia respirar. Precisamos administrar oxigênio extra...".

Não consegui dizer nada, eu apenas chorava.

Uma enfermeira me entregou meu pingente, uma impressão digital do meu filho. "Aqui, deixe-me colocar isso em você."

Olhando para ela, vi seu rosto por um breve instante – apenas um vislumbre. Eu sabia que estivera na presença do meu filho e que essa presença havia me transformado. Eu havia sentido algo maravilhoso que funcionara como um desfibrilador para o meu coração e a minha alma atrofiada. Eu sabia que precisava encontrar Deus mais uma vez, mas sabia também que me era necessário voltar a encontrar a *mim mesma*. Seria imprescindível, para mim, voltar a um lugar de vida, pleno, com ambos os pés na terra.

Chorei lágrimas agridoces. Meu filho me levara para mais perto de Deus. Meu filho estava no céu.

Continuei a sentir a presença dele durante todo o tratamento contra o câncer, ao lado da minha cama, quando eu chorava até dormir, e nas horas da madrugada em que os *currawongs** apareciam. Comecei a passar menos tempo

---

* *Currawongs* são aves passeriformes da família *Artamidae*, nativos da Austrália. O gênero é composto de três espécies. O nome comum vem do chamamento do *currawong*-malhado, que habita a parte oriental da Austrália, e é uma onomatopeia. (N. da P.)

desejando que meu filho voltasse à vida e mais tempo desejando que eu mesma voltasse a viver.

Três meses depois, viajei para Sydney com a finalidade de visitar o cemitério no aniversário de sua morte. Deitada de bruços no cobertor de relva onde ele descansava, pressionei meu peito contra a terra, coração com coração. De olhos fechados, dirigindo a respiração para o espaço abaixo da superfície, desejei unir-me ao meu filho. Uma rajada de vento se deslocou pelas árvores e roçou minhas pernas.

Uma voz disse: *Estou sempre com você, mãe. Quando você ouvir um batimento do coração em um local improvável, saiba que é o meu coração ritmando com o seu.*

Eu tinha ouvido um batimento cardíaco na sala de recuperação pós-anestésica. Agora, deitada nessa porção de terra sacralizada por seu corpo, ouvi a mesma pulsação de novo.

Lágrimas escorreram pelo meu rosto, acompanhando os meus gemidos: "Meu menino, meu menino, meu menino...".

Chorei um pranto que vinha das profundezas de mim mesma, como se minha alma jorrasse para a terra. Por fim, minha dor tinha para onde se libertar. Senti uma liberdade e uma mudança interior profunda. Os fios do Divino me puxaram de volta e me reanimaram para a vida. Daquele momento em diante, comecei a ascender dos reinos subterrâneos.

Na volta para casa, segui por um caminho tranquilo, tentando compreender meus novos papéis: mãe enlutada, mulher lutando contra o câncer de mama e alma escalando a trilha de saída do abismo. Em alguns momentos, as garras aguçadas da dor cravavam fundo. O tratamento do câncer me deixava debilitada.

No dia seguinte ao término da radioterapia, levantei-me de madrugada, peguei minha harpa e fui ao encontro da natureza. Sob a copa da floresta, acomodei-me junto às árvores, aninhando-me entre suas raízes e deixando seus galhos me envolverem. Pousei minhas mãos sobre as cascas ásperas e escutei.

A floresta, fervilhando de vida, emitia o som de todas as coisas sagradas e santas. Inspirei e expirei, inspirando o ritmo em minha alma e meu espírito. Era como se toda a natureza estivesse oferecendo uma bênção. Na floresta, percebi a presença de Deus.

À medida que prosseguia, comecei a sentir de novo o contato com o místico e o mágico. Eles se revelavam nas cores do céu cambiante, na suavidade da névoa da manhã e na glória da neblina da noite.

Eu era um pássaro matinal solitário abrindo as asas para os raios do Sol, prestes a alçar voo. Os aglomerados trêmulos de moléculas que sempre haviam me mantido dentro da sabedoria da natureza na presença do Todo-Poderoso começaram a se realinhar. Filamentos do meu núcleo se estenderam para o Universo e, por fim, o próprio fantasma de mim se dissipou.

A Terra estremeceu sob meus pés no dia em que meu filho morreu, no ano da pandemia. Uma parte de mim também morreu naquele dia – mas outra parte renasceu. Meus pés pousaram em uma Terra diferente.

Há dias em que as arestas afiadas da dor ainda me ferem. É indescritível a falta que sinto dele. Sei que nunca vou deixar de sentir essa ausência, e está tudo bem assim. A dor não acaba, mas muda de forma. Como um rio caudaloso, ela corre pelas minhas veias e entra no meu coração. Às vezes, conto o número de batimentos do meu coração desde o início de seu tempo em minha barriga.

Nesses momentos, apenas deixo espaço para a tristeza se expressar. Eu caminho de mãos dadas com a perda e o amor. Não há separação. Não há como deixar um para trás ou abandonar um pelo outro. Quando sinto o peso da dor, Deus e meu filho me dizem para me apoiar neles. Eles me convidam a descansar em seu hálito.

Conheci a maior das tristezas, e ela se entreteceu no tecido do meu ser. Eu sou a alquimia de como esses traumas da vida desvelaram mais de mim – como uma flor perdendo suas pétalas, novos botões se formando, flores se abrindo, declínio, beleza, fragrância. Ouço a voz do meu filho no vento, no murmúrio das ondas do mar e no canto do *currawong*.

Estou aqui, mãe, ele sussurra. *Sempre.*

Eu sou Vilomah, uma guerreira. Eu fui o dano colateral na sequência da morte do meu precioso filho, mas sobrevivi à devastação do câncer de mama. Eu ressuscitei da minha própria "morte".

Agora, sei que Deus não me abandonou e que eu nunca o abandonei. Nós procuramos juntos, e essa jornada me trouxe de volta a mim.

Deus não quebrou nosso pacto. Deus mantém meu filho seguro no céu.

Deborah K. Bates

BREVE COMENTÁRIO DE NEALE...

Fico impressionado com a clareza e a intensidade da mensagem que recebo por meio do relato de Deborah. Para mim, essa mensagem é que Deus fala conosco, não só na sua própria voz, mas também na voz de outras pessoas – sobretudo daquelas que amamos e em cujas palavras confiamos. É possível que quando Deus quer *ter certeza* de que entendemos totalmente e, de fato, nos comprometemos com uma determinada mensagem, Ele pode preferir falar conosco pela voz de um pai ou de uma mãe, de um filho ou de um parceiro ou uma parceira de vida que partiu para o reino espiritual antes de nós. Deus sabe que essa seria uma comunicação que não recusaríamos.

O relato da experiência de Deborah traz a todos nós uma informação importante, capaz de causar uma mudança de vida. Pode ser algo que sempre conhecemos, que quisemos conhecer ou que rejeitamos por completo. Que informação? Que a morte não existe. A ideia de que, quando nosso corpo físico cessa de funcionar, todo o nosso ser também deixa de existir é ficção. Não tem nada a ver com a realidade em si.

Para a alma, a morte é apenas uma mudança de endereço. Ou, como foi dito em *Conversando com Deus*, "um processo de reidentificação". Foi assim que Deus ajudou Deborah, e pode ajudar todos nós, por intermédio das manifestações do filho dela.

MÃE GAIA E O MEDIDOR DE GASOLINA

Eu tinha viajado por essa rodovia da Planície Costeira de Maryland até o Atlântico muitas vezes, por isso a conhecia bem. Os povoados familiares e quase abandonados estendiam-se por quilômetros com seus intermináveis campos de soja e milho. Pontilhavam-se pequenas áreas de floresta e de solos macios e arenosos. Eu passava por placas que anunciavam restaurantes de frutos do mar entre painéis de *resorts* oceânicos enfileirados ao longo das cidades de Easton, Salisbury e Snow Hill.

Eram meados de junho de 2012, e eu estava de novo a caminho da sonolenta ilha Chincoteague, no Atlântico, para fazer um retiro. Entretanto, essa viagem foi diferente.

Quase na metade da jornada de quatro horas, parei para abastecer o tanque e retomei a estrada. De vez em quando, eu olhava o medidor de gasolina para observar o consumo. À medida que os quilômetros passavam, fui ficando assustada ao perceber que o ponteiro do medidor parecia parado, apontando para "cheio". Vinte e cinco quilômetros, cinquenta quilômetros e mais quilômetros percorridos, e o ponteiro não se movia.

Comecei a me preocupar. *Vou precisar de uma oficina, o que significa mais gastos.* Meu já limitado orçamento seria afetado.

O medidor se manteve na posição de "cheio" por mais de 180 quilômetros! Então, para meu alívio, vi o ponteiro começar a descer. Durante o restante da viagem, o medidor foi baixando lentamente, como se nada de incomum tivesse acontecido. No entanto, eu sabia que algo anormal havia ocorrido. Era a confirmação clara para mim de que os reinos mágicos para os quais minha vida havia se voltado ainda estavam se desvelando.

Duas semanas antes, no fim de maio, eu havia recebido uma ligação do médico responsável pelo Setor de Emergência do hospital Johns Hopkins, depois de ter passado por uma tomografia computadorizada em uma de suas clínicas.

"Há alguns nódulos linfáticos aumentados na região abdominal", disse o médico. "Você tem linfoma. Precisa encontrar um oncologista e começar um tratamento bem rápido!" Sua voz era gentil, mas firme.

Minha saúde não estava muito bem, mas suas palavras me pegaram de surpresa e me deixaram apavorada. Que tipos de radiação ou de medicações quimioterápicas pesadas os médicos prescreveriam? Assim que a ligação terminou, desabei sobre a cama, soluçando.

A única clareza que tive naquele momento foi de que eu ainda estava determinada a ir para o norte da Pensilvânia em quatro dias. Um curandeiro *algonquim* estava me esperando para que eu participasse de uma cerimônia com ele, e eu iria de qualquer forma, independentemente do diagnóstico arrasador.

O curandeiro havia recebido um pedido específico de Mãe Gaia no início de maio para que ele e eu realizássemos uma cerimônia – com ela e para ela. Apenas nós dois. Ele disse que havia recebido instruções claras dela a respeito de como a cerimônia deveria ser realizada. Eu sabia que ele estivera se comunicando com frequência com Gaia durante anos e que seu vínculo com ela era verdadeiro.

Apesar do meu desespero, nada iria me impedir de fazer parte dessa cerimônia.

Eu vasculhei o lixo nos fundos de uma floricultura para recolher pétalas de rosa suficientes para encher um saco de supermercado; depois, joguei na sacola um vestido simples de algodão, uma camisola e produtos de higiene pessoal, e então segui para o norte de Maryland.

Meu destino era uma pequena cidade à beira de uma enorme floresta estadual na Pensilvânia, perto da divisa do estado de Nova York. O curandeiro escolheu esse lugar motivado por um restaurante fechado e abandonado, caracterizado por ter à sua frente uma estátua em tamanho real, já desgastada, da figura de uma avó. O local ficara conhecido por suas tortas caseiras "feitas do mesmo jeito que a vovó as fazia".

A Mãe nos recebeu com carinho.

No dia seguinte, seguimos por uma trilha tranquila na floresta estadual até encontrar um belo espaço para a cerimônia, debaixo de algumas árvores altas e maduras. Nós nos untamos para nos abençoar e, em seguida, espalhamos as pétalas de rosa no chão da floresta para formar um caminho curto e sagrado. Essas eram as instruções de Gaia.

Pouco antes de iniciar a cerimônia, o curandeiro se deteve por um instante para dizer "Vou trazer a energia e a consciência de Gaia para o seu corpo energético, mas não sei como você vai se desconectar depois!".

Tudo o que consegui dizer no momento foi "Minha vida está a serviço da Mãe, por isso não estou preocupada com o que acontecerá depois!". Essa era a minha verdade.

Eu me esqueci de muitos detalhes da cerimônia, mas sempre vou me lembrar da voz antiga, poderosa e feminina que ressoou na minha consciência no final. Eu soube no mesmo instante que era Gaia.

Se você se entregar a mim conforme eu lhe pedir, eu a ajudarei a se curar do câncer sem os médicos, disse Gaia.

Sem hesitar, respondi: *Sim, eu me entrego!*.

Se me entregar à Mãe Gaia significava evitar os sofridos tratamentos de câncer, eu estava pronta para esse ato de oferecimento!

Passados dez dias, depois do milagre do medidor de gasolina, precisei invocar a Mãe para lhe perguntar se ela estava por trás da mágica ocorrida com o meu carro.

Rindo, ela respondeu: *Sim, minha filha. Isso é para que você possa confiar em mim e saber que cuido de você.*

Para surpresa do médico, o linfoma foi curado nos dezesseis meses seguintes sem nenhuma intervenção cirúrgica.

Minhas conversas com a Mãe continuam desde aquela cerimônia no início do verão com o curandeiro *algonquim*. De lá para cá, ela me mantém ocupada com muitas outras cerimônias e outros projetos.

Meu caminho de entrega total e aventuras ligadas a esse caminho continua.

MARE CROMWELL

BREVE COMENTÁRIO DE NEALE...

Esse é outro daqueles "pequenos milagres" de que falamos: Deus se comunicando conosco por meio de cenários presentes e momentâneos que desafiam todas as probabilidades – mas isso, *de fato,* acontece. Quer se trate de um medidor de gasolina que para no "cheio" por 180 quilômetros ou de uma nota de dez dólares que aparece debaixo do sapato; quer se trate de um cardeal que pousa perto da nossa janela ou de uma imponente parede de rocha cujo contorno se transforma em um rosto pleno de amor, esses eventos inexplicáveis ocorrem. Eles envolvem a própria Mãe Terra nos chamando para uma cerimônia especial e nos infundindo sua energia curativa. São sinais de que Deus não vai parar por nada, usando qualquer dispositivo disponível para nos enviar amor puro.

Se algo extraordinário, muito improvável ou um tanto impossível surgir em sua experiência – pare o que estiver fazendo. Pare mesmo, olhe e ouça – *pelo amor de Deus*! Não faça Deus trabalhar até cansar para chamar sua atenção. Essas histórias apontam com frequência para essa sabedoria. *Preste atenção*.

Conversando com Deus deixou claro que não existem coincidências. Nada – grave esse *nada* – acontece por acaso.

RESPOSTA À MINHA ORAÇÃO

A expressão no rosto do cirurgião era de tensão e urgência. Alguma coisa não estava bem. Eu mal conseguia respirar.

Eu e minha filha Erin, de 7 anos, estávamos no centro cirúrgico de um ambulatório, com a esperança de que uma simples substituição do tubo auditivo dela interrompesse a recorrência de infecções em seu ouvido. Erin estava com medo de enjoar de novo por causa da anestesia, mas eu lhe garanti que esse pequeno procedimento era rotineiro e que a aflição logo passaria. A cirurgia havia acabado, mas o médico parecia ansioso. O que isso significava?

O doutor começou a explicar que havia encontrado um tumor benigno no ouvido de Erin, chamado colesteatoma, que ele considerava se encontrar em estágio avançado. Ele limpou o que pôde durante o procedimento, mas não conseguiu remover tudo. Sua preocupação era que o tumor pudesse ter penetrado na cavidade cerebral.

Eu precisaria agendar uma tomografia computadorizada de imediato. Se os resultados confirmassem sua avaliação, minha filhinha teria de passar por uma cirurgia de emergência, mais complicada e invasiva – e esta envolvia o risco de afetar o cérebro e também o nervo facial. Teríamos de esperar o resultado da tomografia para ter um prognóstico mais detalhado.

Eu nunca tinha ouvido falar em colesteatoma, mas a postura tensa do cirurgião indicava uma situação grave. Teríamos de esperar alguns dias para fazer o exame solicitado, e isso me proporcionava muito tempo para me preocupar. Eu morava sozinha com Erin e meu outro filho, de 10 anos. Embora eu tenha feito todo o possível para não deixar transparecer minha preocupação, na manhã seguinte, enquanto tentava me concentrar no trabalho olhando ansiosa para o computador, eu sentia um nó no estômago. Não conseguia pensar em mais nada. Tudo o que pude fazer foi rezar, pedindo ajuda.

"Por favor, faça-a ficar bem! Não sei o que fazer!"

De repente, tive uma visão de Erin. Com clareza absoluta, ela disse: *Ligue para o Mestre Lin*.

Senti arrepios em todo o meu corpo. *Claro! Ideia brilhante!*

Mestre Lin era um renomado praticante de *qigong* que morava em nossa região. Eu tinha ouvido falar de suas habilidades alguns anos antes, em um retiro espiritual. Naquela época, eu ministrava tratamentos de *reiki* com frequência, mas não conhecia o *qigong*. De alguma forma, quando ouvi o nome dele, tive uma certa intuição, quase uma *instrução*, de que ele seria meu próximo professor. No entanto, não era o momento apropriado. Eu não havia pensado mais nele desde aquele dia e nunca havia mencionado seu nome a Erin.

Seria possível encontrá-lo a tempo de evitar a cirurgia? Parecia improvável, mas liguei para ele na mesma hora. Fiquei surpresa ao ouvir uma auxiliar dizer: "Mestre Lin tem um horário vago amanhã, e ele adoraria ver Erin!".

Na manhã seguinte, fomos ao centro de tratamento para a sessão de Erin. Mestre Lin pediu uma breve descrição do problema e, em seguida, meditou em silêncio na nossa frente. Às vezes, de olhos fechados, ele fazia alguns movimentos com as mãos. Depois de dez ou quinze minutos, ele disse que acreditava que ela ficaria bem, mas sugeriu mais duas sessões para ter certeza de que o problema estaria resolvido.

Eu me senti aliviada e esperançosa em virtude de sua reputação como curador idôneo, mas de forma alguma confiante de que ela estava fora de perigo.

Mais tarde, naquela noite, o ouvido de Erin expeliu uma gosma nojenta, e minhas esperanças aumentaram. Ansiosas, fomos à consulta para saber o resultado da tomografia. Quase senti pena do pobre médico no momento em que ele observava o gráfico com os resultados. Seu rosto ficou vermelho como uma beterraba ao analisar, incrédulo, o que via.

Ele hesitou falar, mas, enfim, disse: "Não tenho nenhuma explicação para o que estou vendo aqui. Ela não tem nenhum sinal de colesteatoma. Não consigo compreender! Eu sei o que vi. Mas é evidente que ela não precisa de cirurgia!".

Fiquei superfeliz. Erin parecia totalmente curada!

Ele continuou a examinar a tomografia com perplexidade e a procurar em sua mente uma explicação para seu suposto erro. Enquanto fazia isso, resmungando de vergonha por seu aparente diagnóstico equivocado, senti que precisava aliviar sua aflição. Contei-lhe, então, que tínhamos feito um tratamento com um renomado praticante de *qigong* e que, em seguida, Erin teve uma forte secreção do ouvido.

Ele contestou meu comentário com veemência. "Não, não, eu tenho certeza de ter limpado bem o tumor, apenas me enganei pensando que tivesse sobrado alguma coisa!" *Eu suspirei*! Pelo menos, fiz minha parte sugerindo que a cura energética tem algo a oferecer.

Mais exames confirmaram que o tumor tinha sido, de fato, consistente e havia se desenvolvido por tempo suficiente para causar alguma perda óssea. Hoje, Erin usa um dispositivo auditivo na sala de aula, mas, de resto, se recuperou totalmente.

Graças às instruções claras que vieram em resposta a uma oração e à ajuda do Mestre Lin, evitou-se uma cirurgia invasiva.

MARCIA LOWRY

BREVE COMENTÁRIO DE NEALE...

Tenho observado que a repetição é outro recurso de que Deus se utiliza para chamar a nossa atenção. Você percebeu, por acaso, que essa é outra história em que Deus fala usando uma voz que não pode ser ignorada? E não precisa ser a voz de um ente querido que nos deixou e então se comunica de uma dimensão espiritual. Poderia muito bem ser a voz de um marido perguntando se ouvimos o canto de um cardeal ou a voz do nosso próprio filho de 7 anos – não ouvida em tempo real, mas chegando até nós numa visão pouco diferente daquela de um filme dirigido pelo Grande Diretor.

Tenho ouvido com frequência os mesmos tipos de narrativas de diferentes pessoas, que me escrevem ou telefonam em épocas diferentes e dos mais variados lugares para me confiar suas comunicações com o Divino. Cada vez mais me convenço do que Deus disse *a mim*: "Eu falo com todos. O tempo todo. A questão não é com quem falo, mas quem me ouve!".

A MÁQUINA DE LAVAR SOBRENATURAL

Depois de passar alguns dias seguidos muito alegres, por alguma razão, acordei me sentindo mal. Ao me sentar para meditar, respirei fundo algumas vezes e me perguntei: "Que sensação é esta de inquietação, e o que posso fazer com relação a isso?".

Eu não esperava uma resposta, mas uma visão e um certo pressentimento me chegaram com muita intensidade. Vi uma máquina de lavar roupas enorme... umas quatro vezes maior do que uma máquina "normal", e de carga frontal. Entendi a mensagem: *hora de lavar e limpar o máximo possível.*

Eu ri para mim mesma. Não sou uma grande fã de lavanderia, mas já fiz muita faxina e limpeza na minha vida. Pensei: "Sério? Uma máquina de lavar roupa?".

Depois, vieram imagens de camisetas com frases escritas que eu dizia a mim mesma no passado – "Não mereço...", "Estou com medo...", "Não sei qual será o próximo passo...", e muitas outras.

As camisetas tinham cores diferentes, e eu comecei a me perguntar qual era o significado disso. Percebi que algumas refletiam as cores dos chakras. Então, recebi esta mensagem: *Essas palavras mancharam você do mesmo modo que as roupas ficam manchadas. É hora de lavá-las bem.*

Em seguida... tive lembranças. Vi a imagem da minha madrasta gritando e o "pequeno eu" sentindo toda a irritação dela. Em geral, seus berros não eram dirigidos a mim – mas sua raiva sempre preenchia o ambiente e se mostrava ameaçadora. Essa imagem da minha madrasta e de mim mesma estava numa camiseta mais longa, como uma camisola – era uma peça que podia cobrir todo o meu corpo.

Então, surgiu outra imagem minha num momento muito desconfortável da minha vida. Um daqueles momentos em que se olha para trás e se pensa: *Bem, havia sinais disso. Eu poderia ter evitado se estivesse prestando atenção e escutando..."*

Com essa lembrança, pude sentir minhas defesas sendo ativadas, e, assim que começaram a ser ativadas, outra mensagem chegou: *Você está pronta para essa limpeza. Não apenas palavras, mas também lembranças podem ser depuradas agora.*

Repeti o exercício, jogando palavras e lembranças nessa enorme máquina de lavar. Senti algumas emoções que surgiam, mas não deixei que me dominassem. Apenas as observei e logo me concentrei no fato de que também seriam purificadas!

Em minha mente, coloquei uma *tonelada* de detergente na máquina e fechei a porta com estrondo. Ao fazer isso, senti um alívio prazeroso. Eu me vi procurando o ciclo "pesado" para garantir que tudo ficasse totalmente limpo... Eu queria que *todas* as manchas desaparecessem. Vi a imagem de tudo se revolvendo em círculos, como numa lavanderia de autoatendimento. Uma sensação de paz me envolveu por inteiro. Eu fui ajudada. Uma limpeza profunda estava em curso.

Ouvi um zumbido em meus ouvidos quando a máquina parou. *Pendure essas peças. Elas precisam de Sol para secar e ficar sempre limpas.*

Crescendo na cidade de Nova York, nunca pendurei roupas para secar, mas essa imagem mental era vívida demais. Aproximei-me de um varal adornado com prendedores de roupa. Ao pegar cada peça, eu agradecia o fato de todas estarem absolutamente alvas. Nenhuma delas tinha qualquer escrita ou imagem. Pendurei cada uma no varal e observei-as secando ao Sol abrasador.

Eu sabia que ele estava realizando a última etapa da limpeza, que estava fazendo "a Luz" penetrar de verdade, depois que as manchas da minha conversa interna e das mágoas do passado foram lavadas.

Caminhei entre as fileiras de roupas, tocando-as e sentindo-me profundamente abençoada. Sorrindo, agradeci a mensagem purificadora que recebi da máquina de lavar sobrenatural.

JENNY MANNION

BREVE COMENTÁRIO DE NEALE...

Esse relato incomum nos oferece uma oportunidade de deixar claro que conversas com Deus ocorrem na vida de todos nós de centenas de formas diferentes em milhares de momentos. Pensamentos e imagens um tanto "excêntricos" que chegam até nós do nada podem ser Deus falando? Sem dúvida nenhuma. E quando uma "visão e um certo pressentimento", como Jenny descreveu, chegam até nós com força – assim, sem relação com nada –, com muita probabilidade é o Divino usando simbolismos e metáforas para apresentar uma ideia.

O dicionário define "metáfora" como "algo considerado representativo ou simbólico de outra coisa, sobretudo de algo abstrato". Se a experiência de Jenny não é um exemplo disso, então, não sei o que é.

No entanto, essas visões e essas palavras não poderiam apenas ser frutos da nossa imaginação? Como você talvez lembre, abordei essa questão na primeira parte deste livro, descrevendo como fiz essa mesma pergunta a Deus. Você se lembra da resposta de Deus? *Você não acha que eu usaria qualquer recurso à minha disposição, inclusive a sua imaginação, para chegar até você?*

A mensagem que encontro no relato de Jenny é esta: não despreze o significado da metáfora – seja ela "imaginada" ou não. Jenny aceitou a metáfora sem questionar sua origem, e ela lhe foi do maior proveito.

Deus está sempre se comunicando conosco, usando todas as ferramentas à sua disposição – inclusive a nossa mente criativa.

A PRESENÇA DE DEUS

Anos atrás, caminhando sozinho num dia ameno de primavera, de repente, me vi na presença de Deus.

Durante mais de um ano, eu estivera planejando um período sabático para descansar e me ausentar das minhas responsabilidades de docência e pesquisas na universidade. Eu queria me dedicar a uma nova área da ciência; ao mesmo tempo, estava escrevendo uma solicitação de subsídios que, em breve, seriam revertidos aos Institutos Nacionais de Saúde dos Estados Unidos da América.

Algumas semanas depois do início do recesso das atividades, resolvi caminhar ao lado de uma cerca viva bem alta que havia chamado minha atenção no dia anterior. Ela estava começando a florir, e suas raízes tinham sido recobertas por um adubo aromático um pouco antes. Enquanto eu caminhava, minha percepção começou a mudar de maneira inesperada e sutil. Uma alegria profunda tomou conta de mim, e também uma sensação de reconhecimento. Pensei: *estive procurando isso a minha vida toda, e aqui está!* Eu sentia a presença do Ser que criou a mim e a tudo o que existe. Essa sensação era tão clara como o dia. Pela primeira vez na minha vida, compreendi o que era o amor Divino e descobri que poderia senti-lo.

Essa presença era grandiosa, estendia-se por quilômetros em todas as direções. Era tangível e viva a seu modo, mas de uma forma sutil eu conseguia sentir Deus no centro emanando a sua presença. Essa experiência durou alguns minutos e, em seguida, se dissipou. Minha percepção voltou ao normal, mas a alegria permaneceu, com um sentimento crescente de assombro e deslumbramento.

Nas três semanas seguintes, entrei e saí do contato com a presença. Eu carregava comigo uma sensação contínua de anseio, pois não sabia se ela poderia retornar ou quando retornaria. Cada vez que ela voltava, eu achava que podia investigar mais. Eu queria ver com clareza o ser que ocupava o cerne, embora nunca tenha conseguido de fato. Eu via apenas imagens vagas em minha mente.

Senti um senso crescente de propósito, como se as coisas estivessem se construindo em direção a algo. *Mas o que poderia ser?*

A resposta chegou certa manhã quando passei por uma experiência diferente com a presença. Antes, era algo que eu encontrava, mas não interagia com ela; dessa vez, eu estava prestando atenção – em mim. Nesse dia, ouvi a presença dizer claramente: *É hora de entregar-se e abandonar-se.*

Quando comecei a compreender essa mensagem, senti medo. *Se eu me entregar, vou continuar existindo?*, eu me perguntava. *Quem permanecerá? A minha existência cessará?*

Na verdade, eu não sabia se essas perguntas tinham uma resposta. Esses pensamentos ocorriam num lampejo. Outra parte de mim dizia que, se eu devia me entregar, o momento era esse, quando eu estava na presença de Deus, cercado por esse amor, pela luz e por um afeto absoluto. As palavras *Tenha fé...*, então, me vieram à mente.

E assim, sem entender bem o que isso significava ou o que eu estava fazendo, *abandonei-me*.

Senti de imediato uma expansão e a iluminação da minha consciência. Uma sensação de paz e quietude me envolveu. Percebi rapidamente que "eu" continuava existindo – mas esse novo "eu" era diferente da pessoa que pensara ser durante toda a minha vida. Esse era o meu eu verdadeiro, e eu sabia que sempre havia sido esse eu.

Nas horas seguintes, a experiência do velho eu começou a desaparecer. Com o meu olho interior, vi aquele antigo eu como uma grande bola de energia rodopiante, dinâmica, um conjunto de pensamentos e sentimentos, uma história de experiências. Vi também que apenas uma pequena parte da minha percepção havia se fixado no momento presente. Era assim que costumava sentir as coisas, com parte de mim associando com experiências passadas e outra parte projetando de modo contínuo para o futuro, antecipando eventos vindouros. No momento em que abandonei esse eu anterior, o passado e o futuro também desapareceram. Tudo o que restou foi o silêncio sereno do momento presente. Por sorte, embora a minha ligação com o passado tenha se dissolvido, todas as lembranças permaneceram.

Nos dias que se seguiram, precisei fazer alguns ajustes – para ser honesto, alguns foram complicados. Dois dias depois, um dos meus irmãos chegou de forma inesperada para uma visita. Claro, eu o reconheci e me lembrei da história da nossa família, mas não tinha mais a mesma sensação de vínculo que tínhamos antes. Para mim, agora, de um modo estranho, ele era um desconhecido, mas, ao mesmo tempo, não. Tive a mesma sensação com relação à minha esposa da época, à minha filha, a outros membros da família e a alguns amigos. As pessoas e coisas pareciam estranhas; nada era pessoal como havia sido até então. Com o abandono do antigo, eu havia criado um vazio, sem dúvida. No entanto, o mais importante é que um amor maior e muito mais profundo também se fazia sentir.

O amor continua dominante, um amor por todos e por tudo.

PAUL J. MILLS, PH.D.

BREVE COMENTÁRIO DE NEALE...

Esse notável relato reforça de forma impressionante o comentário que fiz sobre o depoimento de Emily. Lá, descrevi a presença do Divino como "constante e onipresente". Isto é, de forma precisa, o que Paul diz que sentiu durante uma caminhada casual ao lado de uma cerca viva florescente.

Outros também – e você pode muito bem ser um deles – sentiram essa presença magnífica em um momento casual ou em um local qualquer, sem nenhum significado especial na própria vida. É importante levar essas experiências a sério. Faça que deixem sempre uma forte impressão – mesmo que possam alterar a percepção que tem de "si mesmo" e de todas as outras pessoas, como aconteceu com Paul.

Você deve se lembrar de que Tiffany Jean se referiu ao que ela chamou de "a dualidade de estarmos em uma forma humana, separados de Deus, mas com a consciência interior de que somos criados nos reinos divinos de tudo o que existe". Os encontros de Paul com seu irmão, com outros membros da família e com amigos refletem essa experiência.

No entanto, eu não gostaria que se imaginasse que a presença Divina nos afasta da proximidade com as pessoas que amamos. Quando sentimos o amor Divino, muitas vezes, sentimos ao mesmo tempo uma proximidade maior com os outros, *como nunca antes*. Podemos sentir uma aproximação menos carente, que é ainda mais íntima. Da mesma forma, quando nos sentimos profundamente conscientes da nossa unidade com todos os outros e com Deus, às vezes, podemos nos sentir desprendidos de nós mesmos.

Em outras palavras: nossos relacionamentos se tornam *mais ricos* e *mais significativos* sobretudo porque a nossa carência emocional se dissipou. Podemos amar os outros da maneira como eles são, sem ansiedade nem preocupação com relação ao que nos darão em retorno. Esse amor puro transforma a vida.

PERGUNTE A ELE

Era quase impossível dirigir naquele dia de início de primavera na Suécia. Embora as flores já estivessem se desenvolvendo com a tepidez da terra, o ar da manhã ainda estava bem frio para se condensar numa névoa constante. Eu só conseguia enxergar a uma distância de cinco carros à minha frente. E, à medida que avançava, aos poucos, temia que alces invadissem de repente a estrada ao sul de Gotemburgo.

Eu não conseguia parar de chorar por causa do meu casamento que havia acabado sem esperanças de retorno. Na minha angústia, eu implorava em voz alta: "O que posso fazer?".

De repente, a névoa se dissipou por um instante e eu consegui enxergar a resposta.

A placa dizia "Askim, 13 km". Através das minhas lágrimas, eu lia "Ask Him!" [Pergunte a Ele!]. No meu coração, eu sabia que era isso o que deveria fazer.

Segui a placa, saí da rodovia e vi a silhueta de uma igreja que eu sabia que existia por ali. A distância até ela era de apenas trezentos metros, mas eu estacionei e procurei me recompor para que as pessoas não me vissem chorando. Quando parei o carro, uma agradável sensação de paz e muito amor me envolveu. Parecia que eu estava nos braços de alguém. Entreguei-me a essa sensação e me dei conta de que ela me transmitia uma espécie de força serena. Por fim, senti-me forte o suficiente para sair do carro e caminhar em direção à igreja.

Precisei atravessar um cemitério, com suas lápides obscurecidas pelo nevoeiro sombrio. No entanto, não me assustei com essa experiência lúgubre, pois eu sabia que estava sendo movida por um imenso sentimento de amor e conforto.

Abri com cuidado a porta da igreja para não incomodar ninguém, caso alguma cerimônia estivesse sendo realizada. Porém o recinto estava escuro e vazio. Segui pelo corredor, sentei-me num banco perto do altar e fiquei descansando por meia hora. Aos poucos, minha mente desanuviou-se. A sensação de calma aumentou, parecendo tão acolhedora que eu desejei permanecer nela o maior tempo possível, pois temia que ela se dissipasse se eu me levantasse.

Repeti então a pergunta: "O que posso fazer?".

Assim que perguntei, a resposta surgiu de imediato em minha mente: "*Vá embora*!".

Naquele momento, um raio de Sol transpassou a neblina e atravessou o vitral colorido da janela da igreja, iluminando o altar com um brilho dourado. O quadro de Jesus Cristo também começou a reluzir. A história da ressurreição me veio à mente. Eu soube o que precisava fazer.

Mentalmente, pedi: "*Por favor, fique comigo...*". Em seguida, me levantei e me dirigi à porta da igreja.

No exato instante em que ia pôr a mão na maçaneta, ouvi o giro de uma chave e a porta se abriu. Fiquei surpresa, mas o pobre guardião olhou como se tivesse visto um fantasma.

"Como é que você entrou?", ele perguntou, gaguejando.

"A porta estava aberta", eu respondi.

Ele sacudiu a cabeça. "Ela nunca fica aberta fora dos horários de serviço religioso." Então, ele fez um gesto indicando-me para sair e, em seguida, decidido, trancou a porta com firmeza.

Foi como se eu ouvisse a risada de Deus acima de mim. Meu coração ficou mais leve. Quando atravessei o cemitério ao voltar, meus olhos deram com um nome em uma das lápides: Sandwall [Parede de Areia]. Logo ouvi uma voz dizendo: *É apenas um muro de areia à frente.*

Essas palavras e minha experiência na igreja me deram condições de tomar a decisão de seguir em frente com minha vida.

AGUSTINA THORGILSSON

BREVE COMENTÁRIO DE NEALE...

Bem, dificilmente poderia haver um exemplo melhor do que este, em que Deus se serve de um cenário improvável para comunicar uma mensagem permitindo que uma pessoa em busca de uma resposta abra a *porta trancada de uma igreja,* entre, se sente em silêncio na casa de Deus e consiga obter uma resposta numa única palavra. Mas espere! O que dizer se o Grande Diretor dessa cena fizer a protagonista atravessar um cemitério e encontrar uma mensagem importante *gravada em pedra* – e, então, a explicar numa voz inconfundível, de modo que o significado não deixe de ser entendido? Soa improvável o suficiente?

Acredito que, se todos nós olharmos para o passado, encontraremos o que chamo de "momentos improváveis", que talvez não tenhamos considerado, *então,* como uma comunicação do Divino, mas que hoje vemos *exatamente* como tal, sem alimentar a menor dúvida. A propósito, mais mensagens podem estar a caminho, pois esse *é* um dos modos que Deus emprega para nos *mostrar* como prosseguir em nossa caminhada.

Às vezes, um cenário improvável da vida pode ser sofisticado e complexo, com muitas reviravoltas. Outras vezes, pode ser simples – como o modo pelo qual este livro chegou às suas mãos.

FILHO NASCIDO DE UM MILAGRE

Meu marido e eu estávamos casados havia oito anos e tentávamos ter um filho desde nossa lua de mel. Engravidei no primeiro ano de casamento, mas tive um aborto espontâneo após oito semanas, apenas. Anos depois, quando eu tinha 31 anos, fiz um ultrassom que revelou que eu estava com câncer. Optei por um tratamento totalmente holístico e me recuperei por completo. Não obstante, apesar de meu corpo estar forte e saudável, eu não conseguia mais engravidar.

Nós nos inscrevemos num programa de adoção internacional e logo depois recebemos uma carta que nos comunicava que havíamos sido aprovados em todos os requisitos necessários. Poderíamos ter um bebê dali a doze meses. Naquela noite, fomos dormir muito satisfeitos e exultantes porque nossa longa espera por um bebê chegaria ao fim em pouco tempo.

Durante a madrugada, uma luz dourada resplandecente me despertou. Eu sentia um brilho tépido em meu rosto. À minha esquerda, pairando sobre mim, havia um ser alto e dourado. Sua forma era humana, mas estava totalmente iluminado por essa luz dourada. O amor mais indescritível emanava desse ser, era um amor diferente de tudo o que eu já havia sentido. Eu podia sentir meu coração palpitando enquanto lágrimas escorriam pelo meu rosto.

Todo o meu corpo começou a esquentar e pude sentir e ver anéis de luz dourada subindo e descendo do topo da minha cabeça até a sola dos meus pés. Então, percebi meu corpo revirar-se de um lado para o outro na cama e me dei conta de que, de uma forma enérgica, eu estava em pé. As ondas de luz continuavam pulsando para cima e para baixo em meu corpo, com a energia aumentando de intensidade.

De repente, os anéis de luz se expandiram em torno de mim e senti uma forte pressão no baixo-ventre. Logo em seguida, uma secreção abundante de uma substância gelatinosa, longa e esbranquiçada, escorreu por entre as minhas pernas e deslizou até o chão, onde se desintegrou.

Então, pela primeira vez, o ser dourado falou. Ele me tranquilizou, dizendo que a causa que vinha me impedindo de engravidar tinha sido removida do meu corpo. *Descanse agora e tudo ficará bem*.

O que me lembro a seguir é de acordar chorando e de sacudir meu marido para despertá-lo e lhe contar o que havia acontecido. Ele disse que havia dormido profundamente e que não tinha percebido nada. "Deve ter sido um sonho", ele sugeriu.

No entanto, eu sabia que não havia sido um sonho qualquer. Eu nunca tinha passado por nada semelhante. Ainda me sentia diferente; de certo modo, mais leve e brilhante. Pulei da cama impaciente e telefonei para minha irmã e lhe contei minha incrível experiência.

Seis semanas depois, eu me preparava para um voo curto a fim de fazer meu exame anual no hospital onde tratara o câncer. Na noite anterior à viagem, senti vibrações suaves passando por meu corpo e envolvendo-o. Eu me senti muito calma e tranquila, o que era raro, pois sempre ficava apreensiva alguns dias antes desse exame, com medo do que os médicos poderiam encontrar. Dessa vez, não senti nada disso. Fiz um teste de gravidez naquela noite, por prevenção, porque eu sabia que faria vários exames e tomografias no hospital. O teste de gravidez deu negativo.

Não pensei mais nisso e, no dia seguinte, fui ao aeroporto. A viagem foi boa. Tive de esperar duas horas antes dos procedimentos e, por alguma razão, fui levada a visitar uma catedral perto do hospital. Eu havia trabalhado no lado oposto dessa bela igreja durante vários anos, mas nunca havia entrado nela. Então, entrei, me sentei num banco na frente e fechei os olhos para rezar. Senti de imediato uma energia suave, como se houvesse um anjo atrás de mim, abraçando-me com suas asas. Um brilho cálido envolveu meu corpo. Entrei num estado de puro êxtase.

Um cavalheiro me assustou ao tocar meu braço. "Você deve ter adormecido", ele disse. "Temi que você pudesse cair!"

Olhei para o relógio; quase duas horas haviam se passado. Precisei me apressar para chegar ao hospital a tempo.

Meu médico ficou satisfeito com o resultado dos exames. Eu teria de esperar até que alguns exames de sangue fossem entregues, mas tudo parecia bem. Ao me dirigir à consulta seguinte, era imensa minha euforia por essa notícia.

No consultório odontológico, o dentista queria tirar uma radiografia. "Existe alguma possibilidade de você estar grávida?", ele perguntou.

Eu respondi: "Creio que não. Fiz um teste ontem à noite, e o resultado foi negativo!".

O dentista, que me conhecia havia anos, disse: "Bem, eu me sentiria mais sossegado se você fosse à farmácia ao lado e fizesse um teste de gravidez antes de fazermos o raio X".

Fiz o teste no banheiro do consultório odontológico. Você pode imaginar a minha alegria quando vi o resultado positivo! Todo o meu corpo vibrava de felicidade ao contar a novidade ao meu marido por telefone. Eu queria que ele soubesse antes de eu comunicar o fato ao dentista. É claro, meu marido subiu às nuvens.

Tive uma gravidez segura e saudável, e fomos abençoados com um menino lindo e cheio de saúde. Dois anos depois, tivemos uma linda menininha! Milagres acontecem.

Siobhan Maguire

BREVE COMENTÁRIO DE NEALE...

Com excelentes detalhes, Siobhan descreve como foram os momentos em que sentiu seu vínculo com o Divino. Nossas experiências não serão todas idênticas, mas a especificidade dessa descrição pode ser útil a outras mulheres que poderiam se perguntar, assustadas, o que acontece quando se deparam com alguns fenômenos corpóreos incomuns semelhantes aos descritos.

Lembro-me do modo como, no início das minhas conversas com Deus, lágrimas escorriam pelo meu rosto ao mesmo tempo em que um brilho cálido envolvia meu coração. Eu não sabia por que isso acontecia, mas passei a me permitir ficar bem com isso, da mesma maneira como Siobhan nos descreve em suas experiências.

E isso aconteceu numa igreja... embora ela não precisasse atravessar uma porta trancada para entrar! Essa história traz à tona algo que minha mãe dizia quando eu era pequeno: "Querido, onde quer que eu esteja, aí é a minha igreja. Deus está em toda parte!". Precisei de quarenta anos para tomar consciência de que essa é também a minha verdade. Espero que não tenha demorado, ou não demore, tanto tempo assim também para você.

A CORUJINHA BRANCA

Tínhamos acabado de sair da casa da fazenda do nosso amigo naquela noite de setembro e seguíamos por uma estrada rural sinuosa com os vidros do carro abertos para que o frescor da noite acariciasse nosso rosto na volta para casa.

Ao chegarmos ao topo da colina mais elevada, a Lua da Colheita estava em todo o seu esplendor, e sua magnitude me fez suspirar. Seu brilho laranja pálido parecia sagrado, como se a própria Lua estivesse manifestando Deus.

No entanto, havia algo no meio do caminho, logo adiante.

Meu marido e eu paramos um pouco antes e saímos do carro correndo para ver o que era. O objeto branco, iluminado pela luz da Lua, era o corpo de uma pequena ave.

Para minha consternação, reconheci-a como uma coruja-das-torres macho, ainda filhote, com sua cara branca em formato de coração rodeado de penas marrom-douradas e os olhos fechados como se estivesse em um sono profundo e tranquilo. A pequena coruja estava em sua forma perfeita, com suas asas arredondadas e longas dobradas nas laterais do corpo. Perfeitas também estavam as penas alvas da região do peito, de um branco imaculado com um toque dourado. Sua cauda clara e curta estendia-se alguns centímetros além do corpo. Não havia sinais de trauma e nenhuma indicação de como esse filhote fora parar nesse lugar.

Meu marido e eu nos entreolhamos com profunda tristeza e, sem falar nada, peguei com delicadeza a avezinha sem vida e a embalei com as mãos. Senti a suavidade aveludada das penas e o calor do seu corpinho, sinais de que havia passado pouco tempo desde que sua vida chegara ao fim.

Percorri rápido a paisagem ao redor com o olhar e localizei um celeiro além da estrada, em meio a um enorme campo aberto de feno recém-cortado. A fragrância ardente e intensa do feno recém-colhido me fez lembrar do aroma complexo e terroso emitido por uma garrafa de um Pinot Noir *vintage*.

O celeiro, com suas tábuas desgastadas e o telhado de duas águas, poderia ter sido o poleiro da corujinha durante o dia. Ao cair da noite, ela teria voado baixo pelo campo de feno cortado com olhos e ouvidos abertos à procura de pequenos roedores em fuga. Contudo, essa pequena ave não voaria mais.

Meu marido abriu a porta traseira do lado do motorista e colocou um pedaço de pano no piso do carro. Com todo o cuidado, eu pus a pequena ave sobre o pano, aninhei-a bem e fechei a porta. Voltei para o banco do motorista e observei que o relógio do carro marcava 11:11, um número que se tornara um sinal especial para mim, em geral, um precursor de fenômenos espirituais. Fiquei me perguntando que mensagem estaria me esperando.

No tristonho percurso de volta para casa, resolvemos enterrar a corujinha no quintal, numa área onde já havíamos enterrado nossos queridos animais de estimação. Eu havia comprado, pouco tempo antes, uma caixa de madeira antiga num mercado de pulgas; combinamos que essa caixa seria seu caixão. Meu marido se ofereceu para cavar a pequena cova.

Quando abrimos a porta traseira do carro, porém, o pano estava vazio; a pequena coruja branca não estava mais lá!

Como isso era possível? A ave teria, de alguma maneira, se recuperado e conseguido se esconder debaixo de um dos assentos? Meu marido pegou a lanterna do porta-luvas, e nós procuramos embaixo dos dois bancos dianteiros e, em seguida, por todo o carro, mas não havia nenhum sinal da pequena coruja. Olhamos um para o outro e balançamos a cabeça incrédulos.

Outro pensamento me ocorreu. "Talvez ela tivesse recuperado a consciência no exato instante em que eu fechava a porta e, de algum modo, tivesse conseguido escapar despercebida."

"Podemos voltar e ver se ela está lá", eu disse.

Voltamos ao local onde havíamos encontrado a coruja e lá estava ela, deitada no meio da estrada, exatamente no mesmo lugar! Foi como se nunca tivéssemos parado para resgatá-la, embora nesse momento estivéssemos nos deslocando na direção contrária.

Recolhi de novo o corpo da ave e o coloquei no lugar que já havíamos preparado. Senti algo como se estivéssemos em uma versão de *Além da Imaginação* (*Twilight Zone*, 1959-1964). Como era possível? Nós dois sabíamos que não tínhamos imaginado tal episódio! Eu me lembrava da sensação do pequeno pássaro em minhas mãos, quentinho e lânguido. Pensei ter visto meu marido virando-se para ver a ave na primeira volta para casa. Não havia dúvida de que a coruja estivera nas minhas mãos e no nosso carro – e que então havia desaparecido – para apenas reaparecer no mesmo local onde a havíamos encontrado na primeira vez!

Num misterioso transe *déjà-vu*, mais uma vez, estacionamos em nossa garagem. Então, quando abrimos a porta traseira do carro, a corujinha branca estava imóvel sobre o plano. Em meio a um confuso silêncio, retomamos nosso plano funerário anterior.

Deitada na cama naquela noite, eu não conseguia parar de pensar no que havia acontecido. Que tipo de mensagem eu devia receber dessa ocorrência? A realidade, então, não é nada do que eu imaginava? Que matéria e massa não eram nada mais que ilusão?

Pensei nas histórias que minha mãe, de descendência nativa americana, me contava quando eu era criança. A coruja branca simbolizava a sabedoria interior; mudança e transformação; desenvolvimento intuitivo e autorrealização. Em suas histórias, o espírito animal da coruja branca agia como mensageiro, transportando a sabedoria do Grande Espírito. Qualquer pessoa que tivesse a ventura de encontrar uma coruja branca, dizia minha mãe, receberia o dom da comunicação com o Grande Espírito por intermédio de palavras escritas inspiradas ou de canalização intuitiva. As lembranças afetivas da minha infância inundaram minha mente quando adormeci profundamente e comecei a sonhar.

Olhei para a copa dos pinheiros que se erguiam. Aquelas enormes árvores haviam perdido apenas uma fração de sua vegetação nos preparativos para os próximos meses de inverno, e as pinhas despencadas criavam um tapete espesso e aromático sob os meus pés. O anoitecer se aproximava quando ouvi o *whoo-whoo* rouco de uma coruja a distância. Acelerei o passo até conseguir ver a magnífica ave pousada no galho mais baixo de um majestoso pinheiro.

A coruja branca fixou o olhar em mim, abriu o bico e disse: "Ouça-me!".

Sentei-me na cama, forçando-me a ficar totalmente acordada. Puxei bem rápido a corrente do abajur e peguei meu bloco de notas e uma caneta. Depois de rascunhar todos os detalhes que conseguia me lembrar do meu sonho do encontro com a coruja, apaguei a luz e voltei a dormir.

De manhã, peguei o bloco e li aquelas palavras: "Ouça-me!". O que eu deveria ouvir? Meu sonho havia terminado de repente, assim que eu recebera a ordem de que deveria ouvir alguma coisa. Tive o mesmo sonho nas duas noites seguintes. Acordei todas as vezes bem no instante em que a coruja branca falava.

Interessada havia muito tempo na prática da escrita inspiradora, me senti motivada a tentar efetuá-la para procurar entender qual mensagem a coruja tinha para mim na noite da Lua da Colheita. Tentei algumas vezes, mas não consegui acalmar minha mente o suficiente para escrever. Então, decidi parar de querer forçar uma mensagem. Eu esperaria até me sentir inspirada.

Alguns dias depois, essa inspiração chegou quando estava sentada no terraço dos fundos e observava uma pena branca e felpuda flutuar por perto. Ela ia e voltava, para a frente e para trás, levada por uma corrente de ar quente. Por fim, ela pousou aos meus pés. Eu soube no mesmo instante que esse era o sinal que estivera esperando.

Corri para dentro, peguei a caneta e o papel mais próximos e comecei a escrever.

PAMELA D. NANCE

BREVE COMENTÁRIO DE NEALE...

Neste ponto, talvez já tenhamos nos habituado a ouvir falar de cenários improváveis ou impossíveis – uma nota de dez dólares na lama, a abertura da porta trancada de uma igreja ou uma luz brilhante aparecendo do nada no horizonte –, portanto, eu acredito que você não precisa mais ser convencido do modo como o Divino usa eventos da vida real improváveis e inexplicáveis para criar circunstâncias irreais que transmitem alguma mensagem.

Por isso, não se surpreenda se uma coruja branca aparecer em sua vida, agindo exatamente como a mãe de Pamela disse que agem, como uma mensageira levando a sabedoria do Grande Espírito. Pode ser apenas uma pena branca chegando até você – ou, como sugeri antes, um livro dos mais raros colocando-se diante dos seus olhos. A autora nos informa que a coruja branca simboliza a sabedoria interior; mudança e transformação; desenvolvimento intuitivo e autorrealização. É possível que uma *história* cativante sobre uma coruja branca produza o mesmo resultado?

Talvez esse seja o sinal de que *você* precisa. Pegue a caneta e o papel mais próximos e comece a escrever. Crie um registro do que chega a você e por seu intermédio neste momento. Pode ser importante. Pode ser significativo.

Pode ser o Divino falando com você.

ESSA É A CURA

A dor era quase insuportável e deprimente. Os sintomas indicavam uma crise da doença de Crohn. Aos 23 anos, eu estava com recidiva dessa doença incurável... de novo.

Fazia mais de dez anos que eu vinha enfrentando a doença de Crohn, e tinha quase morrido várias vezes. Suportar a dor ou mais um ataque me deixava abatida e temerosa.

Eu sabia que dessa vez seria pior. No passado, os médicos me prescreviam remédios que ajudavam por um tempo; quando eu chegava a um ponto em que a medicação deixava de fazer efeito, um cirurgião removia parte do intestino afetada. Esse paliativo aliviava os sintomas por alguns meses, mas então a doença voltava, e passávamos mais uma vez pelo ciclo de medicação e cirurgia.

Dessa vez, eu não tinha mais o que retirar. Se a medicação não conseguisse controlar meus sintomas agora, eu teria de me submeter a uma ileostomia: o cirurgião removeria todo o cólon e levaria a porção final do intestino delgado para fora do abdômen. Todos os meus resíduos digestivos iriam para uma pequena bolsa presa àquela abertura. Eu teria de esvaziar a bolsa sozinha, com as mãos. Era uma ideia horripilante para mim.

Fiquei com medo de passar mal de novo, com dores e vômitos persistentes sugando minha energia. Eu não sabia se conseguiria passar por isso novamente. E quanto à minha *vida*? Onde ficava a diversão, a alegria, as descobertas que a maioria dos meus colegas estava fazendo no início dos seus 20 anos?

Eu tinha médicos maravilhosos que faziam o melhor possível. Eles se importavam de verdade, mas não conseguiam me ajudar a encontrar uma cura permanente. Eu dava voltas e voltas num ciclo debilitante.

Àquela época, naquela parte do país, eu tinha poucas opções. Até os quiropráticos eram considerados charlatões. Nenhum terapeuta alternativo oferecia seus serviços nas proximidades. Isso aconteceu antes da internet, então, não havia maneira fácil de pesquisar alternativas e possibilidades.

Mais ou menos na mesma época em que recebi essa notícia, eu soube que uma amiga estava hospitalizada. Ela havia caído no banheiro e batido a cabeça. As informações mais recentes diziam que as perspectivas dela eram boas, pois os médicos acreditavam que ela se recuperaria.

Numa noite quente e úmida de julho, pouco depois das vinte e duas horas, eu já estava deitada na cama, lendo, tentando me distrair das minhas preocupações. De repente, minha mente se encheu de luz e me vi livre de todo pensamento. Eu vi o rosto da minha amiga pairando acima de mim e soube que ela havia acabado de morrer. Uma voz silenciosa, uma impressão de pensamento, me disse que tinha sido escolha dela. Ela tinha 27 anos e deixara três filhos pequenos.

Essa mesma voz também me disse que eu tinha uma escolha. Se não tomasse a minha saúde em minhas mãos, eu estaria morta antes de chegar aos 27 anos – em menos de quatro anos.

Quando a luz esmoreceu na minha mente, debati-me com o que acabara de acontecer. O episódio não tinha sido assustador, mas a mensagem continha implicações apavorantes. Eu sabia que era Deus falando comigo. Tudo parecera muito intenso e incomum.

Fiquei atordoada e triste pela morte da minha amiga, e a mensagem sobre minha saúde era clara. Eu devia assumir a responsabilidade por minha vida. Mas o que isso significava? E se eu fracassasse? Se os próprios médicos não soubessem o que fazer, o que eu teria condições de fazer?

Se estivesse errada, morreria?

Sempre que surgia alguma crise na minha família, nós rezávamos. Era só isso o que fazíamos. Durante as minhas internações ao longo dos anos, correntes de oração haviam se formado por todo o país. Era natural para mim recorrer à oração quando acontecia alguma coisa que eu não sabia como resolver.

Levantei-me na manhã seguinte determinada a me entregar à oração. Eu não sabia por onde começar para me responsabilizar pela minha saúde, então, resolvi perguntar a Deus o que eu precisava fazer. Prometi passar algum tempo em oração todas as manhãs e todas as noites. E pediria a Deus que me curasse. Nos momentos de oração, sentia a energia curativa de Deus envolvendo meu corpo e penetrando em cada célula minha.

As apostas eram altas. Dessa vez, eu queria um milagre: cura total. Eu acreditava em milagres. Eu sabia que *tudo* era possível; portanto, era possível me curar, mesmo de algo incurável. Enquanto esperava um raio de luz ou algo dramático, eu tomaria os medicamentos recomendados pelos médicos. Eu achava que, assim, estaria fazendo tudo o que podia pelo meu corpo.

Mantive minha promessa e dediquei tempo à oração duas ou mais vezes por dia. Algo incomum começou a acontecer: comecei a receber respostas. Eu havia sentido o poder do perdão antes; agora, me sentia orientada a perdoar a todos e a tudo. Revisei meu curto passado e fiz listas de todas as pessoas com quem eu antipatizara, bem como de todas as experiências pelas quais eu precisava perdoar a mim mesma. Eu rezava e fazia visualizações a fim de encontrar forças para perdoar.

A relação mente-corpo não era muito conhecida naquela época, mas eu tinha alguma noção desse conceito e acreditava nele de verdade. Se quisesse alcançar um nível mais saudável de estresse, eu precisaria dar mais atenção à minha vida emocional.

Dias e semanas se passaram. Aprendi a meditar. Modifiquei minha alimentação. Passei a fazer exercícios. Não obtive a cura milagrosa que esperava, mas me sentia um pouco melhor. Mais tarde, ao olhar para trás, compreendi que Deus estava me guiando, passo a passo.

Inspirada, montei uma colagem de fotos de pessoas saudáveis, atléticas, e passei a olhar as fotos todos os dias, imaginando a sensação de estar bem e forte. Meu médico e eu desenvolvemos uma parceria saudável.

Então, as coisas se tornaram interessantes. Livros que continham respostas para mim entraram na minha vida; eles despencavam da prateleira da biblioteca ou da livraria. Eu entreouvia conversas que continham informações importantes para mim.

Li um artigo que dizia "seja qual for a distância que tenha percorrido no caminho da doença, você pode se curar". Esse foi um pensamento bem radical! Uma frase me impressionou: "Se você negou a si mesma um capricho, um sonho ou um desejo, volte atrás e dê-se de presente aquilo que se recusou".

Ao me voltar para dentro de mim, me dei conta de que havia me negado muitas coisas. Então, entrei para um clube de discos e comecei a ampliar minha exposição à música. Eu adorava cantar, mas cantava pouco, e nunca em público. Embora adorasse ouvir a música de outros autores, eu sabia que havia música dentro de mim e que desejava expressá-la. Eu tive vontade de aprender a tocar um instrumento. Eu havia tentado antes, embora não soubesse ler partituras.

Inspirada pelo artigo e decidida a recuperar minha saúde, dei um passo atrás e, aos poucos, reaprendi algumas músicas ao piano, o que me deixou muito feliz. Aprendi a tocar violão sozinha e comecei a compor. Eu sempre quis tocar bateria; então, absorvi algumas noções básicas.

Eu já era uma fotógrafa talentosa, mas, agora que estava me expandindo e descobrindo novas partes de mim mesma, meu senso de beleza se intensificou mais do que nunca. Comecei a incluir coisas lindas no meu espaço e a me nutrir com elas. Como eu adorava cores, então, me cerquei com todas as cores que encontrava.

Sempre fui fascinada por atuar, mas um incidente ocorrido nos primeiros anos de escola havia me traumatizado. Então, tornei a alimentar esse sonho, perdoando a professora envolvida. Fiz um teste e fui aprovada para minha primeira peça como adulta. Adorei!

Meu amor pelo desenho também tinha sido vítima na escola. Durante esse período de cura, peguei um lápis e comecei a desenhar de novo.

Muito do que havia negado a mim mesma era minha expressão artística. No decorrer dos meses, acreditei que tinha muita energia criativa para canalizar e da qual desfrutar. Eu ainda não sabia, mas eu era uma artista!

Minha intuição se desenvolveu, e percebi que era bastante sensitiva.

Continuei a rezar todas as manhãs e todas as noites. Eu ansiava por visualizar a placidez de Deus ao meu redor e dentro de mim. Cerca de seis meses depois de iniciar esse processo, eu soube que a enfermidade estava em remissão. Com a ajuda do meu médico, comecei a reduzir a medicação.

Eu me sentia bem! Talvez não me sentisse totalmente curada, mas estava muito, muito melhor. Ainda assim, continuava confusa. Onde estava minha cura milagrosa?

Um dia, senti raiva de Deus e gritei: "Eu estive presente todos os dias durante seis meses, esperando ser curada!".

Claro, durante todo esse tempo, eu estivera esperando um milagre instantâneo, como um enorme clarão de luz indicando de forma irrestrita que eu estava curada. Isso não havia ocorrido. O que estava acontecendo?

Naquele instante, a luz mais uma vez inundou minha mente e minha tagarelice interior cessou. Ouvi as seguintes palavras: *Se tivesse sido curada num clarão de luz, você teria recriado a doença. Você precisava mudar. Essa é a cura.*

Ao ouvir essas palavras, minha mente e meu corpo sentiram um alívio e uma paz indescritíveis.

A doença de Crohn não retornou mais.

ANNE CEDERBERG

BREVE COMENTÁRIO DE NEALE...

Esse relato de Anne nos traz uma informação intrigante que não encontramos em nenhuma das experiências já descritas: quando prestamos atenção e transmitimos energia ao que nos traz alegria e nos abre à nossa criatividade – cantar, atuar, tocar piano, bateria ou outro instrumento, fotografar, fazer marcenaria, jardinagem, cozinhar –, mudamos a energia dentro de nós, projetando a *própria criatividade*. A criatividade pode transbordar para outras áreas da nossa experiência e nos ajudar a criar soluções e resultados positivos para os problemas da vida.

Assim, uma luz unidirecionada irradia-se sobre a relação mente-corpo, que é uma parte da nossa jornada na Terra. Essa relação pode desempenhar um papel importante em nossa colaboração e comunicação com o Divino. Quando a mente e o corpo se expressam como unidade, eles se encontram à porta do Divino.

Acrescente o poder da oração, que Anne adotou com propósito e intenção, e a alma se une à mente e ao corpo em comunhão com Deus. A sua cura física não me surpreende, de forma alguma.

DO PAVOR À CONFIANÇA

Quando os facilitadores do intensivo de crescimento pessoal me perguntaram quais resultados eu esperava do encontro do fim de semana, eu sabia a resposta. Queria me livrar dos meus medos com urgência.

Eu tinha medo do que outras pessoas poderiam pensar e fazer. Evitava conflitos. Romper um relacionamento me apavorava. Receava ser diferente e me passar por boba. Fui traída tantas vezes, que não conseguia mais confiar em ninguém.

Acima de tudo, eu tinha medo do meu medo.

Os facilitadores nos pediram para assumir quatro compromissos: não mascar chiclete, não interrompê-los, ser pontual e fazer tudo o que solicitassem.

Não tive problemas com as três primeiras recomendações, pois nunca masquei chiclete e quase nunca falava na frente de estranhos. Ser pontual era questão de honra para mim. Mas o último requisito...

A história me ensinou que alguns humanos haviam ordenado que outros humanos estuprassem, pilhassem, roubassem e matassem. Eu estava em conflito. De fato, eu queria aprender a me libertar dos meus medos, mas não conseguia prometer que obedeceria.

Mesmo assim, eu tinha medo de ser diferente e perder o *workshop* que havia pagado para participar – então, com muita relutância, concordei.

Essa minha decisão me incomodou durante toda a semana em que fiquei à espera da abertura da segunda parte do encontro. Sabia que os facilitadores exigiriam os mesmos quatro compromissos de novo. Eu iria relutar em negar mais uma vez e, por fim, concordar? Tomei outra decisão: *não, eu não vou*.

No entanto, isso foi assustador.

Durante as noites insones que se seguiram, fiquei pensando nessa minha decisão. O que os facilitadores diriam? Como os demais participantes reagiriam? Como eu deveria me preparar? Minhas dúvidas e minhas suposições me atormentavam.

Por sorte, eu havia participado durante vários anos do Nar-Anon, um grupo de apoio para familiares e amigos de viciados em drogas. Nar-Anon me ensinou que a única pessoa que eu poderia reabilitar era eu mesma, e que para isso precisava da ajuda de um poder maior do que eu mesma. Nar-Anon sugeria que eu "me entregasse e deixasse Deus agir".

Não gostava desta palavra: "Deus". Sempre me considerei uma intelectual agnóstica. "Deus" me lembrava um velho com uma longa barba branca, sentado numa nuvem de tempestade com um raio na mão, prestes a me atingir assim que eu deixasse de obedecer a alguma norma que eu nem sequer conseguia compreender.

Eu gostava das palavras "poder maior do que eu mesma" – mas, seja lá o que significassem, não haviam me ajudado a lidar com meu pavor. Eu sentia que não conseguiria fazer isso sozinha e não tinha tempo para me envolver com as sutilezas da semântica.

Numa noite, me joguei de joelhos no chão da sala e implorei: "Meu Deus, me ajuda!".

De repente, uma tranquilidade indescritível envolveu meu corpo.

De alguma maneira, eu sabia que, juntos, conseguiríamos.

A segunda etapa começou. Como eu esperava, os facilitadores pediram de novo que assumíssemos os quatro compromissos. Recusei-me a concordar com a solicitação feita.

Os presentes ficaram surpresos. Então, os facilitadores disseram "Este *workshop* só continuará quando todos concordarem!" e saíram da sala, deixando-me sozinha com um grupo furioso de participantes.

Todos estavam contrariados com a minha decisão, justificando-se. Bill havia pedido dispensa do trabalho para participar do curso. Jane estava pagando uma babá para poder comparecer. Raymond bateu o punho na mesa. Mary gritou na minha cara. John me chamou de "vadia egoísta". De minha parte, só sentia compaixão e amor por eles.

Os facilitadores voltaram e me pediram para abandonar o *workshop*; foi o que eu fiz. Não me importava mais. Eu havia recebido na medida exata o que tinha ido buscar: a libertação dos meus medos.

Essa experiência me ensinou algumas lições valiosas.

A primeira lição é que tomei consciência de que dois níveis de conflito se debatiam dentro de mim. Por fora, eu lidava tanto com facilitadores que exigiam que eu cumprisse suas regras quanto com outros participantes que se exasperariam se eu me recusasse a concordar. Por dentro, entrava em conflito comigo mesma. Eu não conseguia dormir, meus músculos estavam tensos e meu corpo tremia.

Mas não era suficiente apenas reconhecer os meus mundos externo e interno. Eu precisava fazer uma escolha consciente para me desligar no âmbito emocional das questões de controle dos facilitadores e da raiva dos participantes, e não me deixar absorver pelos problemas deles. Ainda havia meu próprio pavor com que me debater, e isso era suficiente.

Ao fazer uma escolha consciente de pedir ajuda a um poder superior, eu trouxe minha mente para o momento presente e para o que precisava ajustar em mim mesma. Eu apenas optei por confiar que um poder maior do que eu poderia me ajudar e que outros seres humanos traumatizados não poderiam.

Compreendi que, em princípio, havia me fixado no meu mundo externo e no que outros poderiam fazer no futuro. Mas, identificando-me com os outros e com o futuro, eu estava renunciando ao meu próprio poder no momento presente. Assim que comecei a ponderar sobre o que poderia fazer aqui e agora, reconquistei meu poder pessoal.

Ao recuperar o controle e resolver pedir ajuda a um poder maior do que eu, meu medo se desintegrou.

Para conhecer o próximo passo, precisaria me fazer as perguntas certas. *O que penso? O que sinto? Do que preciso? Como posso conseguir o que preciso sem prejudicar outras pessoas?*

Na situação do *workshop*, eu estivera em conflito. Eu precisava de ajuda para me libertar do meu medo, mas não queria pedir isso, sobretudo a Deus. Entretanto, quando, por fim, pedi ajuda, consegui de imediato o que precisava, sem ferir ninguém.

Dizendo "não", também ajudei os outros participantes. Eles haviam dirigido toda a sua atenção ao que eu estava dizendo e fazendo. Tinham medo de perder seu valioso tempo e dinheiro. Algumas pessoas explodiram de raiva. Todos estavam tentando me controlar e manipular.

Mais tarde, um amigo me contou que os participantes haviam passado o restante do fim de semana examinando sua conduta em relação a mim.

DOUTORA JANET SMITH WARFIELD

BREVE COMENTÁRIO DE NEALE...

Creio que a grande lição dessa história – a *grandiosa* mensagem, se me é permitida uma palavra efusiva – é que, como disse Janet, "fazer uma escolha consciente de pedir ajuda a um poder superior" pode ser um grande ponto de inflexão em nosso processo pessoal ao enfrentarmos os desafios da vida. Essa escolha põe toda a ênfase energética no que, sem dúvida, nos trará o maior benefício, permitindo-nos – de novo, usando as palavras exatas de Janet – "confiar em um poder maior do que eu", em vez de entregar esse poder aos seres humanos traumatizados à nossa volta.

Seguindo uma direção diferente quando precisamos de ajuda para gerar uma mudança, podemos produzir uma alteração em nosso ambiente emocional interior. Assim, conseguiremos sentir paz onde havia agitação, segurança onde havia uma esperança ansiosa e serenidade onde havia insegurança. E *isso* pode produzir uma grande mudança em nossa realidade exterior.

Esse relato sobre a interação de uma pessoa com Deus nos revela mais do que pode parecer. Reagir a pessoas que nos pressionam em um *workshop* de crescimento pessoal pode parecer um dos menores desafios da nossa vida. No entanto, o relato de Janet é um grande lembrete do maior poder que temos na vida. Ele nos convida a também retomar o *nosso* poder em *todas* as situações, recuperando nosso acesso e nossa conexão direta com o poder superior do Divino que existe dentro de cada um de nós.

Quando adquirimos confiança, habilidade e determinação para usar esse poder sem prejudicar os outros, como diz Janet, nós nos capacitamos a nos libertar também dos nossos medos. Que mensagem maravilhosa do Divino!

VIVENDO UM MILAGRE

No outono de 2020, notei um pequeno inchaço no antebraço esquerdo do meu filho. Eu tinha certeza de que era apenas mais uma picada de inseto, então, apliquei uma pomada antialérgica e dei-lhe um remédio para alergia. Percebendo que o inchaço não diminuía, comecei a me preocupar.

O pediatra da nossa cidade na Romênia prescreveu tomografias e exames de sangue. Os exames de sangue estavam normais, mas os de imagem mostravam uma inflamação – provavelmente dos gânglios, conforme disseram. "Mas a senhora deveria pedir uma biópsia para ter certeza de que não há nada mais sério."

Biópsia era uma palavra pesada e assustadora para mim. De repente, todos ao nosso redor pareciam preocupados.

Uma segunda opinião, de um médico de um prestigiado hospital pediátrico na França, era de que ele estava com a doença da arranhadura do gato. *Doença da arranhadura do gato?* Sim, isso fazia sentido. Meu filho brincava com gatos na rua. No entanto, esses médicos também recomendaram uma biópsia para que se pudesse descartar um cenário pior. Eu tinha o pressentimento de que poderia ser algo muito ruim.

Enquanto aguardávamos o resultado da biópsia, resolvemos fazer nossa visita anual à nossa família, na Flórida. A biópsia foi traumática para nós dois, deixando-nos muito aflitos. Contudo, nos animamos com a expectativa de fazer uma viagem para longe do rigoroso inverno romeno.

Durante o voo, meu filho começou a se queixar de febre e de dores nas pernas. Logo depois que pousamos, procuramos um hospital. Os médicos do setor de emergência o encaminharam para um hospital pediátrico próximo, onde diagnosticaram rabdomiossarcoma em estágio 4 – um câncer agressivo do tecido muscular que havia se espalhado para os gânglios linfáticos. O prognóstico era ruim; sua taxa de sobrevivência era de apenas 20% a 30%. Recebemos essa notícia no dia em que meu filho completava 5 anos; no dia seguinte, os cirurgiões implantaram um cateter *port-a-cath,* e ele fez sua primeira sessão de tratamento quimioterápico.

Tudo aconteceu muito rápido. Eu fiquei arrasada. "Por que está fazendo isso comigo e com meu filho?", cobrei de Deus. "Por que está nos punindo?"

Não ouvi nenhuma resposta. De qualquer modo, eu não estava em condições de ouvir.

Nada mais fazia sentido. Minhas crenças, minhas percepções e minhas práticas religiosas... tudo começou a parecer inútil. Eu alimentava minha família com produtos orgânicos. Eu era mestra de *reiki* e tinha um mentor espiritual. Eu estava tentando encontrar Deus de muitas maneiras – e agora, no momento em que eu mais precisava D'Ele, ele desaparecia.

O plano de tratamento do oncologista foi intenso: 54 ciclos de quimioterapia, radiação e cirurgia, mais seis meses de tratamento de manutenção. Segundo ele, um adulto não conseguiria suportar esse regime por mais de quatro meses – e Ayan era apenas um garotinho.

Meu filho começou o tratamento de imediato. Foi horrível. Ele queria muito voltar para nossa casa, na Romênia, mas tivemos de continuar esse regime brutal para ter grandes possibilidades de salvar sua vida.

Quatro meses depois, o tumor estava, de forma considerável, bem menor. Havia chegado o momento de removê-lo por cirurgia.

"Essa cirurgia pode curá-lo?", perguntei ao cirurgião.

"Sim", ele respondeu. "Ele pode ficar curado."

Como parte da jornada de cura da minha família, decidimos encarar cada novo desdobramento como "um alerta, e não como uma sentença de morte". Mudaríamos o que fosse necessário, inclusive nossas crenças, nossos comportamentos, nossos valores, nossas prioridades e nossas motivações para viver.

Em maio, durante a cirurgia de Ayan para remover o tumor residual, os cirurgiões descobriram que seu nervo ulnar havia sido cortado, com quase toda a certeza, durante a biópsia que tinha sido feita na Romênia. Eles o substituíram por um nervo retirado da perna, e nós começamos a fazer sessões de terapia ocupacional para fortalecer o braço.

Mais tratamentos esperavam por nós. Em setembro, os médicos começaram aplicar sessões de radioterapia, além da quimioterapia, e isso fazia que Ayan sentisse dores e muito cansaço. Às vezes, ele precisava receber alimentação por sonda e passava por muitas transfusões de sangue e de plaquetas. Meu marido havia voltado à Romênia e vinha nos visitar em intervalos de poucos meses. Ainda tínhamos apoio da família e da competente equipe médica.

Tínhamos Deus em todas as suas formas.

Comecei a estudar e praticar terapias alternativas, como meditações de cura, *tapping* (técnica de liberação emocional), medicina energética xamânica e cura sonora. Meu filho, com grande entusiasmo, praticava comigo. Acredito que essas terapias deram sustentação ao seu corpinho para que suportasse os tratamentos médicos tradicionais. Percebi que essas modalidades de cura ativaram uma nova relação entre mim e o Grande Espírito, mudando-me a partir de dentro.

Por fim, estávamos prontos para voltar à Romênia e ficar com meu marido. Nós amávamos nossa casa e tínhamos muitos planos: iríamos redecorar a casa e adotar alguns animais de estimação. Foi muito emocionante! Fizemos os últimos exames, reservamos as passagens e nos preparamos para partir.

Então, o médico telefonou com notícias alarmantes. "Anca, há algo estranho no antebraço do seu filho. Precisamos fazer uma biópsia. Lamentamos, mas você não pode deixar os Estados Unidos ainda."

Foi como se uma faca atravessasse meu coração. Ajoelhei-me e disse a Deus: "Fiz tudo o que eu podia para apoiar a jornada de cura do meu filho. Por favor, apenas tire de mim tudo o que eu sinto, todo o meu peso e o meu desespero. Diga-me o que devo fazer. Que seja feita a tua vontade!".

Alguns minutos depois, sozinha no chuveiro, ouvi uma voz dizer: *Leve seu filho para o lugar preferido dele e faça apenas o que a faz feliz, nada mais. Se surgirem emoções negativas, entregue-as a mim. Eu cuidarei delas.*

De repente, senti uma nova energia dentro do meu corpo. Reservei uma viagem de férias para Florida Keys, o lugar favorito do meu filho. Ele estava muito feliz. Pondo as mãos sobre o coração, ele fechou os olhos e perguntou a Deus: "Eu estou bem? O que há no meu antebraço que deixa os médicos com dúvidas?".

Então, olhando para mim, ele disse: "Mãe, são duas manchas, mas não é nada sério. Eu estou bem!".

Eu confiei nele. Estava orgulhosa dele, mas ainda sentia muito medo.

Divertimo-nos muito em Florida Keys. Muitas vezes ao dia, eu entregava a Deus todas as emoções negativas que queriam paralisar meu corpo. Eu respirava de modo consciente, inalando luz e exalando escuridão. Cada vez que fazia isso, me sentia mais calma.

Durante essas prazerosas férias, fomos ao hospital para acompanhar as condições do antebraço do meu filho e recebemos a seguinte notícia: "Isso não é uma recaída. Estávamos apenas analisando os enxertos do novo nervo que transplantamos. Ayan, você está bom para voltar para casa. Vamos sentir saudades de você!".

Ah, que sensação maravilhosa! Esse momento produziu mudanças em mim mais uma vez. Uma nova transição. Uma nova vida.

Voltamos à Romênia antes do Natal, com nosso gato inglês de pelo curto, nossos periquitos e um *hamster* selvagem. Voltamos a viver a vida como o milagre que ela é.

ANCA RADU

BREVE COMENTÁRIO DE NEALE...

Sim, palavras chegarão à sua mente quando você menos esperar – tomando um banho no chuveiro, abastecendo a máquina de lavar louça ou cortando grama. Quando você está "no automático", fazendo coisas sem pensar, sua mente fica divagando. O espaço fica totalmente aberto, a tela fica branca, o quadro-negro, vazio. A experiência de Anca é um lembrete poderoso de que esses são, em geral, os momentos em que a voz do Divino pode ser ouvida com muita intensidade.

Para mim, há duas mensagens nesse relato! Primeira: *crie* esses momentos, apesar de toda a agitação do seu dia a dia. Passe algum tempo "fora da sua mente" de *propósito*. Fique um tempo a mais no chuveiro, como fez Anca, ou olhando pela janela ou passeando. Faça isso duas ou três vezes ao dia. Crie o espaço para Deus sussurrar e para sua alma amplificar o que Ele disse. Você vai se surpreender com a sabedoria que Deus lhe enviará.

A segunda mensagem? Se tais momentos ocorrerem sem que você os crie de forma deliberada – quando eles apenas surgirem na ordem natural das coisas –, *não volte de imediato ao que estava fazendo*. Dê-se o presente de uma breve pausa. Sua mente não se aquietou sem razão. Sua vida não foi interrompida sem um propósito. Deus fala no espaço entre seus pensamentos.

Quando digo às pessoas que tive conversas com Deus, algumas dizem: "Meu caro amigo, você está maluco?".

Eu sempre respondo: "Não tenha dúvida!".

MEU ANJO GEORGE

Há muitos anos, participei de um encontro de estudos para médicos com o objetivo de melhorar minha capacidade de estimular meus pacientes de câncer e acelerar sua recuperação. Uma das estratégias que aprendemos foi a visualização guiada.

"Fechem os olhos e visualizem o que descrevo", disse o palestrante.

Eu não acreditava no que ele expunha, então, o fiquei encarando até que ele percebeu que eu não estava seguindo suas instruções. Depois, fechei os olhos para induzi-lo a pensar que eu estava fazendo o que ele pedia. Foi nesse momento que as coisas ficaram interessantes.

Sou artista e uma pessoa com um forte estímulo visual, por isso, de repente, consegui ver tudo o que ele pedia que visualizássemos.

"Caminhem por uma trilha e encontrem seu guia interior", continuou ele.

Imaginei que apareceria Jesus, Moisés ou Maimônides – mas, em vez deles, apareceu um sujeito com longas barbas, usando um boné e um manto branco, denotando espiritualidade.

Meu nome é George, ele disse.

Bem, fiquei decepcionado, mas, ainda assim, achei interessante. Depois desse dia, George, às vezes, se introduzia em minha mente e falava comigo. Ele me dava orientações sobre a minha vida, desde o que eu deveria vestir até o modo como poderia lidar com acontecimentos que tinham potencial para mudar tudo à minha volta.

Um dia, quando me preparava para ir ao hospital onde meu pai agonizava, George me perguntou: *Como seus pais se conheceram?*.

Não sei, respondi em pensamento.

Então, pergunte à sua mãe quando chegar ao hospital.

Eu fiz isso e descobri que papai ficou com minha mãe no primeiro encontro deles por ter perdido num lance de moeda! Mamãe também contou outras histórias engraçadas sobre meu pai.

Embora papai estivesse em coma, senti que ele podia ouvi-la me presenteando com essas anedotas. Ele começou a sorrir e a parecer muito bem.

Talvez ele sobreviva por mais algum tempo, pensei. No entanto, quando o último membro da família chegou, papai deu seu último suspiro.

Depois disso, passei a confiar nos conselhos de George a respeito de tudo.

Percebi que minhas palestras também passaram a ser mais espontâneas. Uma noite, durante uma conferência que eu ministrava, parei de prestar atenção em meu esquema e apenas deixei as palavras fluírem. Uma mulher se aproximou de mim no final e disse: "Já o ouvi falar antes, mas esta noite foi melhor do que de costume!".

Concordei com ela.

Outra mulher se apresentou e falou: "Este homem ficou à sua frente durante toda a conferência, por isso, eu o desenhei para você".

Era George.

Daquela noite em diante, deixei George atuar.

Descobri que George é o meu anjo da guarda. Ele salvou minha vida quando, com 3 anos de idade, me engasguei com um brinquedo e quase morri. Ele me ajudou quando caí do telhado da nossa casa. E também me protegeu em vários acidentes graves de carro.

Hoje, me considero *seu* instrumento. Assim como o aparelho de TV transmite os programas, mas não os cria, eu faço as palestras nesta vida – mas George escreve o roteiro.

Doutor Bernie Siegel

BREVE COMENTÁRIO DE NEALE...

Adoro essa história porque ela descreve como a visualização pode ser um recurso poderoso. Bernie diz que viu um anjo quando foi orientado a fechar os olhos para ver a si mesmo caminhando numa trilha. A força da sugestão é muito importante aqui. Bernie não foi instruído a visualizar um anjo em específico, mas, sim, a se encontrar com seu "guia interior". Ele fez o resto alheando-se do mundo exterior, convidando sua mente a se afastar e criando o espaço para a orientação que estava esperando e desejando se manifestar.

O Divino está em comunicação conosco o tempo todo – literalmente, em cada momento. A melhor maneira de receber as mensagens – sejam quais forem as imagens, os eventos e as compreensões que Deus nos convida a acolher – é dar a nós mesmos esse tipo de "pausa" mental. É sobre isso que eu falava em meu comentário anterior.

Seja um anjo para si mesmo. Não perca a oportunidade de penetrar nesses momentos iluminados – e não ignore nem rejeite as mensagens que Deus lhe envia como se fosse "apenas sua imaginação". Como sugeri diversas vezes, *preste atenção.* Fazendo isso, você não precisará mais ficar "tenso" na sua vida.

Claro, posso estar errado a respeito de tudo isso. Mas eu creio que não.

OS DESAFIOS NUNCA ACABAM

Depois de ter nove livros escritos, publicados e distribuídos sobre meus diálogos com Deus, parte de mim imaginava que "meu trabalho", como Deus o descreveu, estava completo. Talvez você entenda minha surpresa, então, quando um insistente sentimento interior de que havia mais a fazer me despertou num sobressalto de um sono profundo pouco depois das quatro da manhã do dia 2 de agosto de 2016.

Eu não fazia ideia do que poderia ser, mas sabia que precisava fazer *alguma coisa*. Essa sensação, o chamado interior, não podia ser ignorada, e eu sabia que, apesar de ainda ser cedo, não havia como voltar a dormir. Então, joguei as cobertas de lado, saí da cama e fui me arrastando até a minha sala de trabalho. Larguei-me na cadeira, abri o *laptop* e fiquei olhando para a tela. "Congelei" quando senti que algo ansiava por se manifestar, ser escrito, mas não me ocorria o que era.

Bem, eu sabia que voltaria a escrever em algum momento do meu futuro próximo uma coluna para o *Huffington Post*, um *blog* para o *site* CWGConnect.com, uma resposta a uma pergunta de um jornalista enviada por *e-mail*, uma postagem no Facebook, um retorno a alguém que havia postado na minha coluna *on-line* Ask Neale e até um *audiobook* gravado com a minha voz, aprofundando as mensagens que eu havia recebido; enfim, alguma coisa.

Mas outra conversa com Deus registrada em livro? Outro diálogo mantido com uma divindade? Eu achava que isso já pertencia ao passado. Pensava que esse processo estava concluído.

Pensava errado, porém.

O que parecia outro longo colóquio começou a fluir dentro mim e, claro, acabou sendo o nono livro da série de diálogos. O editor o denominou *Conversando com Deus – Livro 4*, porque era o quarto livro com o mesmo título de três palavras do trio inicial dos livros da série.

Desde aquele momento da madrugada que deu origem ao livro, passei a aceitar totalmente a verdade de que *sempre* há mais para ser feito, seja qual for a profissão de uma pessoa. Os desafios em *todas* as áreas da vida nunca acabam. Os convites a realizar "o trabalho" que a alma veio fazer aqui nunca deixam de ser feitos.

Justamente quando pensamos *Quanto mais será necessário para despertar totalmente?*, a vida responde: *Que bom que você perguntou. Dê uma olhada nisto....*

Então, você se depara com um momento importante em que precisa decidir quem é e quem você escolhe ser – de novo.

Esse é "o trabalho" de que falamos aqui, é claro. Não é de fato trabalhar no sentido de ser trabalhoso, mas se parece mais com o trabalho animado de fazer algo de que você gosta muito, enquanto busca novos níveis de excelência.

O "MELHOR" PODE SER AINDA MELHOR?

Em meus escritos anteriores, contei a história do meu pai e de suas tortas de maçã. Ele fazia as melhores tortas de maçã do país – sem dúvida, as melhores do nosso município. Contudo, ele não era um cozinheiro de fato. Meu pai não conseguia nem sequer fazer um hambúrguer sem queimá-lo. No entanto, de um modo ou de outro, ele encontrou um jeito de fazer tortas de maçã extraordinariamente saborosas.

Seja como for que tenha aprendido, ele sabia exatamente como fazer tortas com a quantidade certa de maçãs em cubos, manteiga, açúcar mascavo, canela, noz-moscada e suco de limão, tudo envolvido em uma massa tão fina em sua gostosura folhada que quase caía do garfo.

Por ano, meu pai fazia aquelas tortas de maçã incríveis três vezes: no Dia de Ação de Graças, no Natal e no Quatro de Julho. Quando se espalhava a notícia de que havia terminado uma fornada, vários parentes e amigos de papai passavam em casa, pedindo uma torta. Ele fazia dez ou quinze delas de uma só vez, comandando feliz a nossa cozinha durante a maior parte do fim de semana.

Certa vez, quando eu tinha 15 ou 16 anos – não me lembro qual era o mês, mas sei que era uma manhã de sábado –, o aroma da torta de maçã chegou ao meu quarto. Desci e perguntei: "Ei, pai, o que você está fazendo?".

Ele disse: "Estou fazendo algumas tortas!".

"Mas o senhor só faz tortas três vezes por ano... No Dia de Ação de Graças, no Natal e no Quatro de Julho. Esta é para celebrar o quê?"

"Estou experimentando uma nova receita", ele respondeu.

"Uma *nova* receita!? Por que está tentando fazer uma nova receita? O senhor faz as melhores tortas de maçã do mundo! O senhor não pode ir além do excelente!", eu disse.

Papai sorriu como se soubesse algum segredo – o que era o caso.

"Ah, sim, posso, sim", ele disse. "Quero ver se consigo tornar o 'melhor' ainda melhor!"

É claro, isso não era "trabalho" para ele. Agora, se uma pessoa entrasse na cozinha e visse todos os utensílios, medidores, farinha por todo lado, manteiga, açúcar, canela e noz-moscada à mão, com maçãs em toda parte esperando para ser descascadas e fatiadas, com certeza, chamaria isso de trabalho. Mas para meu pai era pura alegria – literalmente, *the apple of his eye* [a menina dos seus olhos].

Naquele dia, aprendi com meu pai que, se o fato de fazer alguma coisa exige muito trabalho, não quer dizer que este deva ser árduo ou oneroso. Na compreensão do meu pai em relação às suas tortas, não se tratava de fazer as coisas com acerto. Ele já havia alcançado esse "acerto". Mas a definição humana de "melhor" se expande na medida em que sentimos alegria em fazer algo bem-feito. Isso é natural.

Espere. Existe uma palavra mais apropriada. Não é apenas *natural*, é realmente *orgânico*. Essa atitude se *insere* em nós em nível celular. Quanto mais fazemos, mais queremos fazer. Quanto mais longe vamos, mais longe queremos ir. Quanto mais alto voamos, mais alto queremos voar. Quanto mais compreendemos, mais queremos compreender.

E, quanto mais despertos estamos, mais despertos queremos estar.

OS CONVITES CONTINUAM

Esse é o processo que nos leva a evoluir. Na verdade, nos meus diálogos com Deus, eu soube que todo o *propósito* da vida é *nos recriarmos*, alcançando de forma contínua a melhor versão seguinte da melhor visão que já tivemos sobre quem somos.

Muitos anos depois da publicação do primeiro livro *Conversando com Deus* – e depois de duas décadas propagando suas mensagens ao redor do mundo –, ainda fiquei surpreso ao saber que não havia terminado esse trabalho.

Eu nunca deixei de ter conversas breves e particulares com o Divino sobre assuntos pessoais durante aqueles anos, mesmo quando eu pensava que minhas discussões *volumosas* para consumo público eram coisa do passado.

Assim, o senso de urgência que se apoderou de mim na madrugada do dia 2 de agosto de 2016 fez muito mais do que me despertar de um sono profundo. Ele me acordou do que hoje descrevo como uma temporária "letargia da consciência" durante a qual eu não conseguia ver que havia mais a ser feito. Meu convite para continuar a trabalhar com outras pessoas no mundo não me havia sido desfeito.

E, posso hoje dizer, nem o convite feito a você foi cancelado.

Você também pode acreditar que enfrentou sua cota de desafios na vida, que resolveu seu quinhão de problemas e superou sua parcela de conflitos. Pode pensar que fez sua parte de muitas maneiras positivas para oferecer apoio a outras pessoas. Mas isso não significa que seus convites se esgotaram.

Então, se você acordar numa madrugada dessas e se surpreender com mais um momento assim, veja-o como uma oportunidade para ter uma conversa com Deus, para determinar como você pode trabalhar esta última curva em seu caminho para a jornada constante da sua vida, sem afastá-lo do rumo.

Você está pronto para isso, eu lhe garanto. Você *veio* aqui para ter a experiência da autocriação no nível mais elevado e se saiu admiravelmente bem até agora. Você está preparado para o próximo desafio.

Estamos todos desenvolvendo o mesmo trabalho, cada um a seu modo. E esse trabalho deve ser uma *alegria,* não um *trabalho rotineiro.* No sentido mais verdadeiro das palavras, *um labor de amor* está à espera, preparando-o para uma experiência plena de si mesmo ainda mais extraordinária do que todas as do passado em que você ofereceu expressões maravilhosas de quem você é.

Aguarde os desafios que virão. Sinta-se agradecido por eles. O movimento em direção a essa energia – por mais contraintuitivo que possa parecer – pode ser precisamente a mudança de que você precisa. Pode ser tudo o que se faça necessário para capacitá-lo a criar a melhor versão seguinte da melhor visão que você já teve sobre quem é.

Algumas sugestões e algumas ferramentas podem ser proveitosas nesse sentido. Elas são abordadas a seguir, na Parte Três. Veja o que acha.

NEALE DONALD WALSCH

PARTE TRÊS

Integração do Todo

Há mais coisas entre o Céu e a Terra, Horácio,
do que pode imaginar tua vã filosofia.

– WILLIAM SHAKESPEARE

RECURSOS PARA INICIAR SUA COMUNICAÇÃO COM DEUS

Muito bem, vamos reunir tudo o que dissemos sobre essas extraordinárias ideias para que possam ser *aplicadas* e produzam um *efeito* benéfico em sua vida.

Conversar com Deus não é tão difícil quanto pode parecer à primeira vista, mas é sempre recomendável começar com uma compreensão clara do que exatamente se quer dizer com essa expressão.

Como comentei na Parte Um deste livro, há pessoas que acreditam que *rezar* é ter uma conversa com o Divino. De modo geral, porém, rezar não é um encontro que se dá em dois sentidos. A maioria das pessoas com quem conversei diz que entende a oração como o envio fervoroso de uma mensagem a um poder superior. Essa mensagem pode ser uma súplica ou uma palavra de agradecimento, mas nem sempre constitui uma "conversa" no sentido em que entendemos o termo. Seria mais um monólogo.

O dicionário define "conversa" como uma "troca de palavras, ideias e informações, sobretudo de caráter informal, entre duas ou mais pessoas". Essa é exatamente a experiência que tive na primeira vez com Deus na primavera de 1992, da qual mantive um registro escrito durante anos posteriores. Muitas ideias que trocamos retardaram minha caminhada, pois contradiziam o que eu havia aprendido ou ouvido sobre a vida.

Isso pode acontecer também com você – não só a conversa, mas as contradições. Então, prepare-se para se surpreender. Não espere que suas interações com o Divino confirmem ou reproduzam sempre o que você acredita que já sabe ou aquilo em que você passou a acreditar com segurança. Em alguns casos, isso pode acontecer – mas, em outros, você pode ser convidado a refletir sobre algo que nunca levou em consideração ou nem mesmo imaginou.

Dito isso, permita-me lembrá-lo: comunicações de origem divina nunca incentivam nem aprovam ações negativas que possam ferir, magoar ou prejudicar outras pessoas.

Centenas de pessoas já me perguntaram como poderiam conversar com Deus, o que me estimulou a estudar a minha experiência com muito cuidado. Desses estudos minuciosos resultou um processo informal que espero que ajude outras pessoas.

ACEITE A POSSIBILIDADE

O primeiro passo é contar com a possibilidade da existência pura e simples de um Deus. Então, denomino o Primeiro Passo de "Possibilidade". Você não pode falar com alguém que não existe. Você não pode conversar com alguém que nem sequer imagina que existe, e muitas pessoas – quero dizer *milhões* – não acreditam em um poder superior. Cerca de 15% da raça humana rejeita o conceito de um ser supremo.

Suponho, no entanto, que você não seja uma delas, pois, do contrário, não estaria lendo este livro. Contudo, aprendi a não presumir nada. Você pode ser um ateu que se questiona se está certo no que se refere a tudo isso e pode ter chegado até aqui por pura curiosidade a respeito do que outras pessoas descrevem como a própria experiência. Ou talvez seja uma pessoa "em cima do muro" há anos e esteja à procura de um empurrãozinho para um lado ou outro.

Então vou correr o risco de parecer um pouco simplista e repetir que este Primeiro Passo consiste em ter uma crença firme – e destaco, *firme* – no Divino.

Assim, concordando consigo mesmo no sentido de afirmar que *existe* algo chamado Deus, você pode passar para uma segunda possibilidade – uma possibilidade que até os que acreditam em Deus têm, muitas vezes, alguma dificuldade de aceitar. Você deve acreditar que os seres humanos podem, de fato, ter comunicações nos dois sentidos com essa essência Divina.

Isso implica aceitar que tais intercâmbios não são apenas *possíveis*, mas podem estar ocorrendo neste exato momento e *sempre* ocorreram na experiência da humanidade.

ACEITE O SEU VALOR INERENTE

O segundo passo para uma conversa com Deus é fazer parte do círculo daqueles que você considera *dignos* de ter essa experiência. Assim, denomino o Segundo Passo de "Dignidade".

Muitas pessoas já acreditam que os seres humanos falaram com Deus. Moisés disse que falou com Deus, e muitos o aceitaram confiando em sua palavra. As mensagens que recebeu formaram a base de toda uma religião. Jesus disse que falava com Deus de forma direta, e muitos o aceitaram acreditando em sua palavra. As mensagens que recebeu também formaram a base de toda uma religião. Maomé, abençoado seja seu santo nome, disse que era inspirado de maneira direta por Deus, e muitos o aceitaram fundamentados em sua palavra. As mensagens que recebeu também formaram a base de toda uma religião.

Hildegarda de Bingen, monja beneditina, mística e visionária, é reconhecida desde a Idade Média como autora da obra moral mais antiga do mundo, *Ordo Virtutum* ["Ordem das Virtudes", uma ópera]. Segundo Joseph Smith, um anjo o guiou até umas placas em que estavam gravadas mensagens procedentes diretamente de Deus. Também essas mensagens formaram a base de toda uma religião.

Bahá'u'lláh acreditava ser inspirado por Deus, e muitos acreditaram nele. As mensagens que recebeu formaram a base de outra religião. Teresa d'Ávila foi canonizada pela Igreja Católica depois de ter vivido um modo de vida de união com Deus e de ter escrito sobre suas experiências para que pessoas comuns aprendessem a viver experiências místicas semelhantes.

Assim, milhões de pessoas já aceitaram que *alguns* seres humanos tiveram experiências dessa natureza. Por que, então, nós não poderíamos tê-las?

Talvez seja porque pensamos que esses indíviduos são, de alguma forma, mais especiais do que nós, mais santos ou mais sábios. Ou achamos que são mais puros ou mais *alguma coisa*, algo que não somos.

Não obstante, eles não são *nada* que não sejamos ou não possamos ser. Assim, o segundo passo do processo que o leva a conversar com Deus é aceitar o seu valor, a sua dignidade – você é tão digno quanto qualquer outra pessoa de receber uma visita de Deus.

ESTEJA PRONTO, DISPOSTO E CAPAZ

O terceiro passo no processo é assumir uma atitude de disposição para receber essas comunicações – o que deve se manifestar em comportamentos que *demonstram* esse modo de ser. Denomino o Terceiro Passo de "Disposição".

Por exemplo, reservo alguns minutos todos os dias para contemplação silenciosa. Não conduzo minha vida como se não tivesse tempo para a contemplação. Eu demonstro disposição de receber essas comunicações de Deus, preservando e providenciando tempo suficiente para que isso ocorra e criando condições em meu ambiente que possibilitem essa ocorrência. Levanto-me de manhã e me esforço o máximo possível para passar algum tempo em silêncio, pensando e escrevendo, antes de fazer qualquer outra coisa.

Em alguns dias, posso também meditar em algum local ocasional. Não precisamos nos recolher numa sala especial, nos sentar e acender velas ou colocar uma música diferente para meditar. Pode ser interessante fazer essas coisas, mas não são obrigatórias. Podemos meditar em qualquer lugar. Ao lhe ocorrer a ideia de meditar, você pode fazê-lo onde quer que se encontre: deitado na cama logo ao despertar; sentado na cozinha enquanto o café está sendo preparado; parado diante de um arco-íris depois de uma chuva de verão.

Além disso, a meditação não precisa seguir uma determinada fórmula. Ela pode ser uma observação ou um pensamento calmo – mas um pensamento oriundo do nível da *alma*, não do nível da mente. Isso já não é mais pensar, mas obter acesso a uma sabedoria de *outro nível*. Chamo esse nível de "Deus".

Seja o que for que lhe pareça, inclua algum tempo de silêncio em sua rotina diária. Você ficará surpreso ao verificar como é fácil ter contato com o Divino.

Para mim, a experiência é diferente todos os dias, mas reservo certo tempo todas as manhãs para ficar sozinho com minha alma. Se perco esse período de manhã – se a vida não me permite dispor desse horário num determinado dia –, assumo comigo o compromisso de encontrar *algum* tempo em outro momento daquele dia para parar e me conceder nem que sejam dez segundos de paz.

A essa alternativa dou o nome de "meditação parada".

É quando você, por dez abençoados segundos, interrompe tudo o que está fazendo e não faz nada... não diz nada... não *pensa* nada. Apenas *é*.

Você pode fazer isso a qualquer momento: quando caminha na rua, enquanto lava a louça ou, às vezes, quando está escrevendo, bem no meio de uma frase ou pala...

O que acabo de descrever é inusitado, infelizmente. Em sua maioria, as pessoas vivem dias agitados e dão um descanso à mente uma ou duas vezes por mês, quando muito. Elas ficam motivadas, leem um livro e pensam *Vou tentar*! – mas, depois de três dias, param e voltam à "vida normal".

No entanto, se você reservar um tempo para entrar em contato com sua alma todos os dias, se isso se tornar um hábito, depois de certo tempo, você descobrirá que está tendo "conversas com Deus" sobre as quais me ouviu falar.

Deus se comunica conosco nos espaços *entre* nossos pensamentos, não durante nossos pensamentos. Melhor ainda: devo dizer que Deus fala o tempo *todo*, mas podemos ouvir Deus melhor nos espaços entre nossos pensamentos – e entre nossas ações também, porque, nesses momentos, nossos pensamentos e nossas ações não interferem.

Apenas *disponha-se* a ouvir Deus e demonstre isso dando a si mesmo alguns momentos sagrados todos os dias apenas para ouvir.

FIQUE BEM DESPERTO

O quarto passo é um compromisso com o estado desperto; um acordo que você faz consigo mesmo para *prestar atenção a Deus*. Então, chamo o Quarto Passo de "Estado de Vigília".

Deus nos envolve por inteiro, mas muitos não prestam atenção. Podemos estar dispostos... podemos ter passado do Terceiro Passo... mas não estamos *acordados* nem prestando atenção.

Às vezes, de forma irônica, prestamos atenção *demais*. Procuramos com *zelo demais* o que está bem diante dos nossos olhos. Ouvimos com tanta ansiedade que acabamos nos esquecendo do som.

Deus fala conosco de mil maneiras diferentes, durante milhões de momentos. No entanto, devemos cultivar o que chamo de *desatenção atenta*... ou expectativa inesperada ou, ainda, inatividade ativa.

É quando você escuta sem ouvir, olha sem ver, abre os ouvidos e os olhos da sua mente para nada, sem esperar nada. Nesse momento, você não está procurando absolutamente nada, desejando absolutamente nada, lutando por absolutamente nada... está apenas com "nada/tudo".

Essa *desatenção atenta* transforma *cada* momento em meditação. Apenas deixe a vida fluir, mas observe-a com o canto do olho, com o canto do seu *terceiro* olho!

As conversas com Deus chegarão de maneira furtiva a você. Ele pode enviar sua mensagem através da letra da próxima música que você ouve nos alto-falantes da loja onde faz compras ou do artigo que salta da capa de uma revista de dois anos atrás no salão de beleza. Suas palavras podem estar numa afirmação casual de um amigo com quem você esbarra na rua ou no painel da próxima esquina... ou podem ser um pensamento fugaz que passa pela sua mente, assim, do nada, de lugar nenhum [*nowhere*, no original].

Lugar nenhum... esse é um termo interessante. Divida-o no meio e ele se transformará em "agora, aqui" [*now here*, no original]. Deus está sempre *aqui e agora*.

Não seja um sonâmbulo que passa pela vida. Fique acordado. Observe o que acontece, mas sem procurar algo em particular.

Como neste exato momento. *O que você acha que está acontecendo agora?*

CHAME AS COISAS PELO QUE SÃO

O Quinto Passo é "Aceitação"... ou, se preferir, não negação. Precisamos dar às nossas conversas com Deus o nome que realmente têm.

Assim que começarmos a reservar esse tempo especial para Deus e a viver a vida despertos, saberemos que recebemos comunicações do Divino o tempo todo. Então, de repente, as *perceberemos*. Tomaremos consciência de que a vida nos informa *sobre* a vida por meio do puro processo de viver e nos tornaremos parte consciente desse percurso.

Ainda assim, se nos descuidarmos, seremos tentados – como mencionei num comentário anterior – a chamá-las de outra coisa. Nós lhe daremos um rótulo ou um nome que as pessoas possam aceitar. Nós as chamaremos de qualquer coisa, *menos* de uma conversa com Deus. E, ao negá-las pelo que são, as minimizaremos. Esse é o perigo. Não daremos à mensagem de Deus a importância que ela merece porque lhe atribuímos um nome inferior ao que lhe é devido.

Existe outro lado, porém. É um tanto irônico, mas preciso esclarecê-lo para que você não caia na armadilha.

CONTENHA SEU ENTUSIASMO

Você se esforçará tanto para não se apegar emocionalmente à possibilidade dessa experiência, que começará a classificar *tudo o que acontece* como "um sinal" ou "Deus falando comigo". Daí vem o Sexto Passo: "Discernimento".

Em outras palavras, não fique imaginando, fantasiando, devaneando. Não deixe sua mente ludibriá-lo, pregar-lhe uma peça.

Deus fala com você por intermédio da sua alma, não da sua mente. E, sim, *você pode aprender a perceber a diferença*. Isso se chama *discernimento*.

Se você está pegando a chave do carro e uma nota de vinte reais cai do seu bolso, isso não é "um sinal" de que você deve tirar do bolso todas as notas de dinheiro e jogá-las fora.

Se você liga seu *notebook* de manhã e ele demora uma eternidade para carregar os programas, e daí passa a funcionar mal, isso não necessariamente é "um sinal" de que você deve atirar seu computador pela janela.

Seja criterioso. Faça o "teste do estômago" para tudo. Seu estômago sabe quando algo é verdadeiro. Você já percebeu isso? O estômago sabe o que a mente só consegue especular.

O corpo é mais inteligente do que pensamos. Ouça seu corpo. Tome consciência do que você sente. Se você se sentir *encantado* com alguma coisa que captou com o canto do olho, preste atenção nisso. Se se sentir subjugado ou sobrecarregado por uma comunicação recebida, ela não deve proceder diretamente de Deus, mas, sim, da sua mente. Ou... ela foi tão filtrada *pela* sua mente que você perdeu a pureza da mensagem original.

O IMPORTANTE TRABALHO DA MENTE

Não me entenda mal, porém. Sua mente não é sua inimiga. Ela é uma ferramenta muito importante e eficiente e tem uma função a cumprir: garantir a sua sobrevivência. Assim, a mente sempre procura qualquer coisa que pareça ameaçá-lo. Ela é supercautelosa, percebe todos os resultados ruins possíveis e o previne. É por isso que suas comunicações podem sobrecarregá-lo, em vez de aliviá-lo e animá-lo.

E, então, ironia das ironias, quando sua mente percebe que você carrega um fardo penoso, faz tudo o que pode para garantir que você supere a situação deprimente e, assim, possa sobreviver. Ela pode até lhe oferecer um alucinógeno passageiro – como pensar que cada situação que você vive é um "sinal de Deus". Se *isso* não o fizer se sentir especial, nada o fará.

Por isso, tenha cuidado com sua mente. Ela é sempre poderosa, mas nem sempre confiável. Use o discernimento. Vá para o lugar que *está pensando sobre o que você está pensando*. Esse é *quem você, de fato, é*. Você é o observador daquilo que está sendo observado.

Você não é seu corpo, nem sua mente, nem sua alma – é uma junção dos três, combinados.

Essa é a totalidade do seu ser – e é ela que você está tentando encontrar durante o seu tempo aqui na Terra. Se acredita que teve um momento de comunicação e de intimidade com Deus, conserve esse momento de modo muito especial.

Quer tenha sido uma estrela cadente repentina, um impulso inexplicável de pisar no freio do carro ou uma troca real que preencheu seu coração, deixe esse momento servi-lo no mais alto nível. Aceite-o como prova de uma verdade que sua alma esteve trabalhando para apresentar-lhe desde o início: que, durante seu tempo na Terra, você nunca esteve sozinho.

Resumindo, você *tem conversas* com Deus o tempo todo, de verdade. E espero que, com a aplicação dos seis passos aqui expostos, você possa manter essas conversas potencializadas, de forma deliberada e intencional.

MALHE O FERRO ENQUANTO ESTÁ QUENTE

Uma comunicação direta do Divino impressiona profundamente toda pessoa que vive essa experiência. Qual é a forma mais proveitosa de reagir quando acreditamos que tivemos esse contato?

Primeiro, é importante saber que não há nenhum requisito em relação a isso. Deus de nada precisa, nada espera nem exige que você faça qualquer coisa. Então, com calma, livre-se de toda possível preocupação no que diz respeito à reação de Deus ao seu modo de responder.

Segundo, é importante saber que é comum ficar abalado com sua experiência. O encontro energético – sobretudo o primeiro, caso ocorra um diálogo – pode muito bem produzir emoções de deslumbramento, reverência e até mesmo de descrença.

Eu optei por respeitar e acatar a mensagem que recebi e lhe ofereço este conselho: depois de aplicar seu discernimento e concluir quais pensamentos, conceitos e ideias, de fato, procedem de forma direta de Deus, faça todo o possível para agir de acordo com eles. Faça alguma coisa *no momento, no seu agora*, em vez de colocá-los numa prateleira mental e deixá-los para *mais tarde*.

ENTRE EM AÇÃO

Ainda guardo um ditado do meu tempo de criança: "Malhe o ferro enquanto está quente!".

Para forjar algo em aço, é preciso malhar o metal até moldá-lo no formato desejado enquanto ele está incandescente, quando é flexível o suficiente para transformá-lo naquilo que se quer.

Quando você conversa com Deus, algo quer ser forjado da matéria sólida. Então, malhe esse material enquanto ainda está quente. *Faça isso. Aja a partir dele. Comprometa-se.*

E aja agora, não amanhã. Não espere para agir quando você tiver mais tempo, mais dinheiro ou *seja lá o que for* que considere que não tem neste momento.

Alimente a intenção de, pelo menos, começar. Talvez você não possa contar com um determinado item ou um aspecto como gostaria. Faça disso sua intenção de *começar*. E então... alimente a intenção de *concluir*.

Lembre-se de que a *vida procede das suas intenções com relação a ela*. O término é um sinal de iluminação. Observe como você se sente mais leve quando conclui *alguma coisa*.

No livro intitulado *The Only Thing That Matters* [A Única Coisa Que Importa], comentei que 98% da população mundial gasta 98% do seu tempo com coisas que não importam. Sua vida, diz o texto, tem a ver com o modo como você procura chegar ao *final* da jornada da alma.

Isso pode ser verdade? Será que o nosso tempo na Terra nunca teve como objetivo ser ocupado de modo particular com nossa experiência física, mas, sim, com a nossa experiência *metafísica*?

Pode ser verdade, e é verdade.

E... aqui está a melhor parte: ir aonde sua alma procura ir, vivenciar o que ela procura vivenciar e expressar o que ela procura expressar não significa negar-se "à vida boa". Na verdade, tendo sua alma como guia, você terá *assegurado* o encontro de uma vida boa.

O cumprimento da agenda da alma não exige que você evite, rejeite ou renuncie ao que seu corpo e sua mente desfrutam. Não é como desistir de um aspecto da vida em favor de outro, numa espécie de versão interminável da Quaresma.

Se você prestar atenção na agenda da sua alma e no que ela o convida a fazer, todos os demais aspectos da vida cuidarão de si mesmos. A vida *cuidará* de si mesma *por* si mesma. Ou, parafraseando uma afirmação muito mais eloquente, não saia por aí perguntando *Que iremos comer? Que iremos beber? Que iremos vestir?... Buscai, em primeiro lugar, o Reino dos Céus e sua justiça, e todas essas coisas vos serão acrescentadas.* (Mateus 6,31-33).

"Reino dos Céus" e "fim da jornada sagrada" são expressões que se referem à mesma realidade. Depois de passar pela segunda, você chega à primeira. O problema com relação a ambas as frases é que ninguém nunca mais explicou (ou nem sequer explicou alguma vez) como buscar o Reino dos Céus.

É claro, o Reino dos Céus não é apenas um local físico. O Reino dos Céus é o estado de *completude*, de estar feito, terminado, de estar concluída a busca de si mesmo, do eu, do ser. Fim da busca de paz, de respostas e de razões e motivos. Assim, está perfeito o emprego das duas expressões de modo intercambiável.

É literalmente "céus, paraíso" os humanos encontrarem-se num estado em que têm certeza de que não resta mais nada que precisem ser, fazer ou ter para sentir paz interior, amor incondicional e a beatitude suave do sereno desapego. Toda a paz interior possível, e tudo o que alguém poderia jamais desejar, está plenamente presente e pode ser vivida *aqui, agora*. Basta apenas parar de resistir ao que o momento presente apresenta e se lembrar de que "aquilo a que você resiste, que persiste, e tudo o que você observa deixam de ter sua forma ilusória".

Ao vermos a ilusão como ela é e entendermos que nada nem ninguém pode nos afetar de qualquer jeito que seja – prejudicando, magoando, irritando, frustrando, decepcionando ou afligindo a nossa alma –, estamos *completos*.

A intenção da alma é conduzi-lo a esse estado, de modo que você possa recriar-se em cada *momento dourado de agora* e tornar-se a próxima maior versão da maior visão que você já teve sobre *quem você é*. Desse modo, você pode superar eventos ou circunstâncias externas que atingem o corpo ou a mente.

Recorrendo mais uma vez ao livro *A Única Coisa Que Importa*, ser *completo* cria o espaço para aquele aspecto da vida que é chamado de "você" expressar, vivenciar, refletir, demonstrar e personificar aquele outro aspecto da vida chamado Divindade.

Por isso, alimente a intenção de *começar* – e de *completar* – o passo seguinte do processo da sua evolução. Não fique especulando o que você deve fazer no próximo momento da sua vida. Não se preocupe com o que, em termos específicos, o seu próximo passo deveria ser, ou com a maneira exata de lidar com seu dilema atual. Em vez disso, faça esta oração:

Obrigado, meu Deus, por me ajudar
a compreender que esse problema
já foi resolvido para mim.

Pergunte a Deus tudo o que você deseja perguntar. Em seguida, ouça, observe e espere. Fique atento à resposta.

TENTE AGORA MESMO

Com alegria, envolvamo-nos com esse processo agora mesmo. Convido-o a formular qualquer pergunta que você gostaria de fazer a Deus neste momento.

Pegue uma folha de papel e uma caneta e escreva essa pergunta. Faça uma pergunta importante para você – não algo frívolo, como quem vai ganhar o jogo entre os times Y e Z ou qual é o número de sorte da loteria. Escreva algo que seja importante para seu coração e para sua alma.

Vá em frente. Reserve um momento agora e escreva.

Ótimo.

Saiba que essa pergunta será respondida. Bem rápido. Na verdade, está escrito "mesmo antes de você perguntar, eu já terei respondido".

No entanto, é possível que você não ouça a resposta neste exato momento. Você pode não ter consciência dela "agora". É importante entender isso antes de se envolver com o processo *Conversando com Deus*.

Não existe maneira certa ou errada de viver isso. Se você não identificar de imediato a resposta que Deus lhe dá, não fique pensando que você ou o processo está "errado". Entre nesse processo sem expectativas. Nem todos tomam consciência de sua conversa com Deus da mesma forma.

Diga para si mesmo que está tudo bem. Caso contrário, você correrá o risco de querer demais que aconteça ou *precisar* demais que ocorra neste exato momento, de algum modo específico. Tenha em mente que o próprio ato de desejar alguma coisa faz que ela se afaste de você. Isso acontece porque a sua expressão urgente de *desejar* diz ao Universo que *você não tem agora o que pede*. E essa é a realidade que experimentará, porque tudo o que você declara com energia e consistência recebe uma única resposta de Deus: sim.

Lembre-se disso.

Deus apenas diz "sim".

Então, se você declarar "Quero mais *dinheiro* na minha vida!", Deus dirá "Sim, é verdade. Você quer!". E se você disser "Caramba! Quero encontrar minha *parceira* perfeita!", Deus dirá "Sim, é verdade. Você quer!". E então você se perguntará "O que há de errado comigo, que nunca consigo o que quero?", porque você não entende as leis da metafísica. Você não entende que o que disser, isso lhe será feito – sobretudo se você expressar com veemência, com força, com energia elevada e com consistência.

Por isso, não caia nessa armadilha. Dê um tempo a si mesmo. Tenha paciência consigo e com o processo. Quando você faz de forma deliberada uma pergunta a Deus, em última análise, fica ciente da resposta. Isso provavelmente acontecerá mais cedo se você parar de procurar com medo o que quer ou de exigi-lo com frustração e apenas deixar que "chegue a você".

Pergunte e você receberá a resposta. Bata e a porta lhe será aberta. Então, receba a resposta na plenitude do tempo. Que tudo fique bem.

FALEMOS UM POUCO *SOBRE* DEUS

Examinamos com bastante profundidade até aqui as várias formas de conversar *com* Deus, mas não quero concluir essa reflexão sobre o poder superior sem abordar mais conversas *sobre* Deus – e convido você a também fazer o mesmo com pessoas conhecidas.

Você se lembra do que eu disse, que o primeiro passo para você conversar com Deus é aceitar a possibilidade de que Ele existe? E, em seguida, comentei que milhões de pessoas em todo o mundo não pensam assim? Acredito ser de grande proveito para todos nós falarmos com mais frequência e de forma mais aberta sobre este assunto.

A maioria das pessoas não gosta de falar sobre Deus porque considera o tema suscetível de desentendimentos. Na verdade, esse assunto *pode,* de fato, gerar conflitos, pois as convicções das pessoas a esse respeito são diversas e contrastantes. Assim, uma das muitas mensagens que a sociedade nos transmite afirma que para manter boas relações sociais nunca devemos falar sobre religião ou política em companhia instruída.

Tenho um bom motivo para dizer isso. É recomendável examinar essa mensagem com cuidado, procurando discernir sua utilidade. Tiraremos grande proveito se considerarmos que ela chega até nós por meio de um *sistema de entrega de mensagens* de origem cultural, abrangendo toda a espécie e desempenhando um papel importante em nossa experiência diária.

As mensagens chegam a nós de todas as direções; algumas como instruções diretas, outras como um comentário espontâneo, algumas de figuras de autoridade da vida e outras, ainda, de pessoas que não conhecemos ou das quais nunca ouvimos falar.

Talvez lhe seja divertido conhecer ou relembrar algumas coisas que nos disseram, as quais ilustro a seguir.

MENSAGENS INSANAS

Disseram-nos coisas como "sobrevivência do mais apto", "ao vencedor os espólios", "bons rapazes ficam em último lugar" e "quem tem mais brinquedos vence".

Disseram-nos "cada um por si" e "o fim justifica os meios". Aprendemos que "dinheiro não cresce em árvores" e que "você deve ser visto, não ouvido".

Disseram-nos para "não pintar fora da linha" e "quem fez a cama deite-se nela". E ainda: "nós contra eles", "não se consegue competir com a burocracia", "não se pode comer o bolo e continuar com ele" e "só conte com o ovo depois de posto".

Disseram-nos para "não jogar pérolas aos porcos", "não trocar de cavalo no meio do rio", "não atirar pedras no próprio telhado", "não colocar a carroça na frente dos bois", "não investir dinheiro em negócio sem futuro", "não jogar o bebê com a água do banho" e, acima de tudo, "não estragar a festa de ninguém".

Chamo essas expressões de Mensagens Insanas da nossa sociedade. Algumas delas são, inclusive, *totalmente contraditórias*.

Aves da mesma plumagem voam juntas. / Os opostos se atraem.

Quem não arrisca não petisca. / Melhor prevenir do que remediar.

A curiosidade matou o gato. / O que você não sabe não pode prejudicá-lo.

Quem hesita está perdido. / Olhe antes de pular.

A união faz a força. / Muitos cozinheiros estragam a sopa.

Não existe almoço grátis. / As melhores coisas da vida são de graça.

Caramba!

Além disso – e aqui não há nada de divertido, muito pelo contrário –, disseram-nos coisas a respeito de Deus.

Disseram-nos que precisamos obedecer aos mandamentos de Deus, fazer a vontade de Deus, seguir as leis de Deus e temer a ira de Deus. Disseram-nos que, quando enfrentarmos o julgamento de Deus, suplicaremos pela misericórdia Divina – e, dependendo das ofensas cometidas, podemos não a conseguir, mas corremos o risco de ser condenados à tortura eterna e insuportável no fogo do inferno.

O ponto principal de tudo o que precede: nossa mente ficou repleta de dezenas ou até centenas de mensagens que criaram a base de uma realidade cotidiana tão distante da nossa verdadeira razão de estar na Terra, que é surpreendente ainda sentirmos qualquer espécie de alegria ou de estímulo em nossa jornada... muito menos clareza sobre toda essa situação.

Uma mensagem nova e diferente, porém, que acompanha todas essas: ignore a recomendação de não falar sobre Deus em companhia de pessoas instruídas. Faça o contrário: levante a questão e debata.

O QUE MAIS DEVEMOS SABER?

Acredito que um dos motivos pelos quais o tema acerca de Deus trouxe desafios, e até violência, à nossa sociedade global ao longo dos anos é que nossa compreensão de Deus é incompleta. Persegue-me o pensamento de que talvez, apenas *talvez*, ainda haja algo a se descobrir nesse contexto, algo ainda a se conhecer, e que a descoberta e o conhecimento desse algo poderiam mudar tudo.

O que você acha? Essa ideia lhe parece plausível? Poderia ser algo que a maioria das pessoas não sabe sobre Deus e cujo conhecimento alteraria com profundidade, de forma muito positiva, a nossa experiência de vida na Terra?

Continuamos descobrindo novas informações no campo da ciência, digamos, o tempo todo. Os cientistas, quando acreditam que sabem tudo sobre alguma coisa, excluem todas as possibilidades de um futuro mais revelador, porque o pressuposto de que sabemos tudo o que a ciência tem a nos mostrar implica que não podemos ir além do ponto em que nos encontramos hoje. A humanidade chegou ao ápice nesse campo de estudos. Mas, claro, isso não é verdade, e os cientistas sabem disso.

Continuamos descobrindo novas informações no campo da Medicina, por exemplo. Os médicos pesquisadores, quando acreditam que sabem tudo sobre alguma coisa, excluem todas as possibilidades de um futuro mais revelador, porque o pressuposto de que sabemos tudo o que a Medicina tem a nos mostrar implica que não podemos ir além do ponto em que nos encontramos hoje. A humanidade chegou ao ápice nesse campo de estudos. Mas, claro, isso não é verdade, e os médicos pesquisadores sabem disso.

Continuamos descobrindo novas informações no campo da tecnologia, para dar outro exemplo. Os que trabalham nessa área, quando acreditam que sabem tudo sobre alguma coisa, excluem todas as possibilidades de um futuro mais revelador, porque o pressuposto de que sabemos tudo o que a tecnologia tem a nos mostrar implica que não podemos ir além do ponto em que nos encontramos hoje. A humanidade chegou ao ápice nesse campo de estudos. Mas, claro, isso não é verdade, e quem trabalha com tecnologia sabe disso.

Perdoe a repetição, mas há algo a se destacar aqui.

Será que a *Teologia* também tem algo novo a descobrir? Se a resposta for "não", então, todas as possibilidades de um amanhã melhor acabam porque o pressuposto de que sabemos tudo o que a Teologia tem a nos ensinar implica que não podemos ir além do ponto em que nos encontramos hoje. Significa que a humanidade chegou ao ápice nesse campo de estudos.

Agora, isso é mais verdadeiro na área da Teologia do que na ciência, na Medicina ou na tecnologia, por meio do que descobrimos tudo? Será que chegamos ao ápice do nosso conhecimento teológico? Não há mais nem mesmo um *bit* de dados sobre Deus que não conhecemos hoje? E se *há* algo que não compreendemos por completo, como podemos chegar a uma compreensão maior? Recusando-nos a falar sobre isso na companhia de pessoas instruídas?

Apenas não acredito.

Minhas observações me mostraram que, embora muitos não queiram falar sobre esse assunto, eles não se importam em brigar por causa dele. Será essa a atitude mais civilizada a tomar?

É claro que não.

Então, continuemos conversando *com* Deus. Conversemos *sobre* Deus. E sejamos nós os que *iniciam* essas conversas. Sim, na companhia de pessoas instruídas.

Você tem coragem para isso? Tem? Ouse, atreva-se, decida.

CONTE UMA HISTÓRIA DIFERENTE

Muitas religiões e diversas culturas nos ensinam que Deus está "lá" e nós estamos "aqui", portanto, seria necessário voltarmos "para lá" se quiséssemos nos comunicar com ele. Nosso desafio, segundo essa antiga história, é voltar para Deus. Devemos percorrer o caminho da vida que estamos vivendo agora – nosso tempo de labutas e fadigas – de um determinado modo se quisermos fazer essa viagem de retorno.

Estou simplificando as coisas, mas é assim que milhões de pessoas pensam a respeito do propósito da vida. Talvez você queira oferecer um modo de pensar diferente, propor uma ideia diferente ou contar uma história diferente.

Que tal a história "Deus Me Ouve?", relatada na Parte Um? Para poupar-lhe o trabalho de relê-la, afirmo que não estamos separados de Deus e nunca estivemos. Essa separação é impossível, pois *não há nada que Deus não seja*. Convide outras pessoas a fazer essa experiência e ver o que acontece.

Existe apenas *uma coisa* que se expressa de incontáveis maneiras. Essa essência Divina, única, é a energia da vida em si – e, assim, é *quem você é*. Não há separação entre você e o Divino porque, por definição, não pode haver.

Se Deus *não* fosse o poder superior – se Deus *não* fosse a essência de todas as essências que está presente em toda parte –, poderia haver separação de algum tipo.

Se a separação existe, então, *somos*, de fato, "filhos de um deus menor" (que foi o título de uma peça de sucesso da Broadway na década de 1980 e de um filme de sucesso em 1986, com a frase extraída do décimo primeiro capítulo do livro de Alfred Lord Tennyson, *Idílios do Rei*: "Por que está tudo ao nosso redor aqui, como se algum deus menor tivesse feito o mundo?").

No entanto, não somos tal coisa, e, quando entendemos isso, começamos a *incorporar* essa compreensão. Sentimos que Deus não é algo *fora de nós*, a quem precisamos implorar ajuda, mas, sim, algo *dentro* de nós, que podemos invocar. Podemos *invocá-lo* porque Ele existe *em* nós, Ele é *como* nós.

Agora, se você está se perguntando como pode descobrir o modo de proceder numa situação em que não tem noção do que esses conceitos podem ser, a resposta é esta: você pode cultivar sua capacidade de ouvir aquela "voz suave e delicada *dentro de você*". Em outras palavras, decida ter um *encontro... uma conversa com Deus*.

Se fizer isso, você descobrirá que Deus nunca o deixou e nunca o abandonou. Deus esteve apenas esperando que você encontrasse o seu caminho para Ele. *Então*, encontrará não apenas paz e alívio do estresse como também soluções incríveis e respostas para os desafios e os problemas diários da vida. Ideias e inspirações chegarão a você; se confiar nelas e agir de acordo com elas, sairá vitorioso sobre seus problemas.

Esta, pelo menos, tem sido a minha experiência – e é por isso que nunca vou parar de me envolver em *Conversas com Deus*. Espero que este livro o ajude a começar ou o incentive a continuar sua conversa com Deus, e que você nunca, jamais, deixe de fazer isso.

FALEMOS UM POUCO TAMBÉM SOBRE DESPERTAR

No Quarto Passo, descrevi sua conversa com Deus como um *despertar*. O nosso grande problema atual é que a Terra está entulhada de sonâmbulos. Se os sonâmbulos fossem felizes, eu diria "deixe-os dormir!". Contudo, muito pelo contrário, eles são infelizes. Usando metáforas, podemos dizer que esbarram em muros e despencam de penhascos. Eles se chocam uns contra os outros, se derrubam e se pisoteiam.

Eles choram de dor, lamuriando-se em meio ao seu sofrimento, gritando de raiva e proferindo impropérios de frustração. Grunhem, rosnam e praguejam em meio ao pesadelo absoluto que criaram.

Pior ainda, muitas pessoas hoje se perguntam se é melhor ficarem adormecidas ou acordar. Esse pensamento insano ignora a razão pela qual nos conduzimos até aqui – isto é, introduzimos de forma voluntária nossa alma em um corpo físico, antes de tudo. Entretanto, nesse pesadelo transformado em realidade, às vezes, é preferível a insanidade à sanidade, a irracionalidade à racionalidade e o medo ao amor.

Insanidade é fazer sempre a mesma coisa esperando chegar a um resultado diferente. É isso o que estamos fazendo em todo este planeta. É isso o que os sonâmbulos fazem. Eles preferem fazer sempre, sempre, sempre a mesma coisa, porque fazer algo novo pode simplesmente despertá-los da sua letargia.

As *Conversas com Deus* nos disseram que a humanidade é uma espécie relativamente jovem no Universo. Isso deve ser verdade, porque as pessoas do nosso mundo agem como crianças pequenas. Insultamos os outros, os ameaçamos e lutamos uns contra os outros. Guerreamos e nos matamos sempre que discordamos.

Tenho certeza de que, se alguns seres sencientes que vivem em outros planetas vissem tudo isso acontecer onde se encontrassem, eles acabariam com essa situação. Mas isso não ocorre aqui na Terra. Aqui, insistimos em repetir os mesmos comportamentos esperando obter resultados diferentes.

É um pesadelo criado por sonâmbulos andando em círculos, e a única solução é acordar as pessoas. A questão, porém, é a seguinte: *como podemos despertar pessoas*?

Penso que, se, de fato, decidirmos falar sobre Deus – mesmo enquanto falamos com Deus –, nos beneficiaremos muito, porque o convite que a própria vida nos faz hoje implica nada menos do que despertar a humanidade.

A humanidade *pode* ser despertada? Será nossa espécie *capaz* de acordar ou estaremos destinados a morrer dormindo?

Sem dúvida, vemos hoje que Al Gore estava certo sobre o que chamava de "uma verdade inconveniente" do aquecimento global. Vemos hoje que Gloria Steinem estava certa sobre a necessidade de admitir, e de dar um basta, à desvalorização, subjugação e opressão das mulheres. Vemos hoje que Martin Luther King Jr. estava certo a respeito da urgência do avanço imediato e comprometido do movimento pelos direitos civis.

Podemos também ver que temos razão em afirmar que a humanidade precisa pôr um fim à *teologia da separação* e criar uma *nova espiritualidade* na Terra?

Com certeza, compreendemos que, no sentido literal das palavras, "certo" e "errado" não existem. Estivemos aqui falando sobre "o que dá certo" e "o que não dá certo", dado que somos nós, enquanto espécie, que estamos tentando mudar.

E qual é o nosso objetivo? Estamos tentando sobreviver o máximo que pudermos. Por quê? Apenas para chegar a uma idade avançada? Não, acredito que seja mais que isso.

Eu acho que estamos aqui na Terra, em corpos físicos, para servir a um propósito maior. Acredito que estamos aqui para avançar com a *agenda da alma*, cujo objetivo é transformar nosso *conhecimento* de quem somos em nossa *experiência* de quem somos.

Essa ideia não é aceita por todos na sociedade humana atual. No entanto, as pessoas convictas de que esse é o nosso objetivo estão bem conscientes de que estar no reino físico é o requisito essencial para servir à agenda da alma. Esse é o único reino com condições apropriadas para tornar isso possível.

Então, sim, estamos tentando sobreviver o máximo possível em nossa forma física para avançarmos na conclusão da nossa agenda. Contudo, a maioria dos seres humanos ainda não compreende que precisaremos de uma definição revisada por completo de Deus e de uma consciência bem expandida do propósito da vida se quisermos garantir uma sobrevivência *plena de alegria* e livre de sofrimentos para nós mesmos, para nossos filhos e nossos netos.

É por isso que conversas *sobre* Deus são de vital importância neste momento. Quero sublinhar que nos beneficiaríamos muito se falássemos sobre Deus de maneira aberta e livre e com mais frequência, examinando com profundidade, uns junto aos outros, o propósito da vida. Poderíamos abordar o assunto em nossas mesas de jantar, durante encontros casuais de familiares e amigos, em bate-papos no refeitório com colegas de trabalho, enquanto conversamos com nossos filhos adultos pelo Facebook ou no Zoom e, sim, até mesmo – e talvez de modo especial – como parte de encontros sociais com outros membros do nosso templo, da nossa sinagoga ou de nossa igreja.

Conversando com Deus nos mostra que "a vida informa a vida a respeito da vida por meio do processo da própria vida". Os modelos de diálogo aqui sugeridos são apenas algumas maneiras pelas quais a vida pode fazer isso.

A MAIOR IDEIA QUE VOCÊ PODE PROPAGAR

O futuro e o mundo podem ser melhores hoje porque você está na Terra hoje. *É pura verdade.* A quantidade de energia amorosa e curativa que você atrai para os momentos da sua vida irradia-se também para os momentos da vida das pessoas porque o simples ato de *pensar* nelas com intenção amorosa e curativa envia essas energias para elas. Assim, ser a pessoa amorosa, zelosa e generosa que você é muda o mundo que você toca.

Você tem um poder enorme dentro de si. Deus trabalha por seu intermédio, *como se* ele fosse você. Na medida em que possibilita que essa ação se realize de modo consciente, como um *evento intencional,* você se torna um mensageiro. Muitas e muitas pessoas estão esperando a sua mensagem.

Não escolhi estas palavras com leviandade. Cada um de nós pode ser um mensageiro, mas apenas alguns sabem disso. Podemos lembrar uns aos outros *quem somos de verdade.*

Se muitas pessoas fizerem isso, podemos mudar muita coisa neste planeta.

É isso o que todos os maravilhosos mestres espirituais da humanidade – mulheres e homens, nos tempos antigos e nos tempos atuais – se propuseram a fazer. A única diferença entre nós e os que foram reconhecidos como mestres espirituais é que eles se lembravam de quem eram, e nós nos esquecemos – pelo menos, a maioria de nós.

No momento em que nos lembramos, unimo-nos com esses mestres em consciência. Tornamo-nos *um* em consciência com a consciência única que existe. Depois de descobrir esse segredo, muitos de nós hesitamos entre nos unir a essa consciência ou nos apartarmos dela durante a nossa vida. Os grandes mestres espirituais apenas permaneceram nesse estado de união. Também nós podemos permanecer nele – ou, pelo menos, podemos continuar nele por muito mais tempo do que a maioria das pessoas de hoje.

Como fazer isso? Há um jeito bem fácil a que podemos recorrer.

Para nos mantermos em um estado de consciência mais elevado, unidos à *única consciência existente*, devemos ajudar *outra* pessoa a permanecer nesse estado. Por isso, convido você a falar com mais frequência e de maneira mais aberta sobre Deus. Essa é a razão pela qual todos os grandes mestres fizeram o que fizeram, dedicando toda a sua vida a lembrar às pessoas que todos nós somos um com Deus e com todos os nossos semelhantes.

Os grandes mestres espirituais realizaram essa tarefa propagando uma grande ideia, também muito específica. Convido você a também estudar e aprofundar, e, em seguida, a difundir essa grande ideia. É muito provável que você já tenha refletido sobre ela durante a sua vida – talvez não de forma tão abrangente como será analisada aqui, mas com quase toda a certeza refletindo sobre ela em alguns momentos de silêncio interior.

A ideia em si não é nova. A novidade, revolucionária, por sinal, é que você pode absorvê-la e depois promover sua prática entre os mais diversos grupos de pessoas.

Essa é a maior ideia que você pode comunicar às pessoas. Ela tem o potencial de mudar totalmente o modo como você e as pessoas a quem você a transmite vivem a própria vida. Ela tem a possibilidade de mudar a *razão* pela qual você vive sua vida, tudo o que você diz que *deseja para sua vida* e tudo o que você vai *investir* nela.

A GRANDE IDEIA

Eis aqui, então, o conceito mais grandioso que já ocupou a mente dos seres humanos. É também o impulso mais antigo e o desejo mais profundo já sentidos por todo ser senciente: nós *somos*, de verdade, feitos à imagem e à semelhança de Deus, como muitas religiões ensinam.

Repito, para que todos tomemos consciência da sua importância.

Somos feitos à imagem e à semelhança de Deus.

Faça todo o possível nesse exato momento para resistir a qualquer tentação de responder a essa afirmação com: "Sim, sim, já ouvi tudo isso antes!". Ter *ouvido* antes não significou nada para a maioria das pessoas. Até eu passar dos sessenta e poucos anos, essas eram exatamente as palavras que eu dizia a mim mesmo.

Hoje, porém, estamos todos sendo convidados a pôr essas palavras em prática e a permitir que signifiquem alguma coisa – não apenas em termos gerais, como um conceito, mas de um modo específico, como *base diária* para cada escolha, cada decisão e cada ação.

Essa grande ideia não é um dogma religioso, uma fantasia ou uma metáfora espiritual. A *ciência* a colocou em uma nova categoria. A ciência hoje nos diz que cada um de nós é feito da matéria de que *tudo* é feito. Todos nós, cada um em sua individualidade, somos manifestações individualizadas da força primordial, a energia indiferenciada, a essência essencial da qual toda a vida emerge e que toda a vida expressa.

Cada um de nós é Divino. A vida nos convida a demonstrar divindade. Todos nós, no âmbito individual, somos aspectos de Deus, e a vida nos pede que tornemos essa compreensão prática e *funcional* em nossa experiência diária.

Essa atitude é realista? Essa atitude é possível? Vejamos se conseguimos encontrar uma base teórica na realidade física para esta grande suposição.

Você se lembra do que eu disse antes sobre Medicina e sobre o que ela descobriu há pouco tempo? Bem, tenho certeza de que você sabe que a ciência médica descobriu em tempos relativamente recentes – no início da década de 1960, para ser exato – que o corpo humano contém células-tronco, células indiferenciadas que podem ser levadas a se transformar em qualquer célula do corpo que seja necessária e, então, estimulada a se reproduzir.

Pois bem, se a ciência médica daquela espécie jovem no cosmos chamada "seres humanos" pode produzir tal resultado, aplicando seus conhecimentos adquiridos há muito pouco tempo, o que você imagina que a *fonte do Universo* – seja como for que você a conceba – pode fazer?

Seria absurdamente inexato chamar a energia indiferenciada, a essência nuclear da vida, de "célula-tronco" do Universo? Penso que não. No entanto, dou outro nome a essa força primordial: Deus, e a descrevo como Divina.

A IDEIA POR TRÁS DA IDEIA

A hipótese aqui é a seguinte: quando expressa a essência indiferenciada do Universo, você projeta uma *energia genérica*. Essa energia é constante e singular, inabalável e imutável, exatamente porque é "indiferenciada".

No nível mais elevado, essa energia pura é ciente e consciente de si mesma, porque ela mesma é *ciência* e *consciência*. É a fonte da qual jorra toda ciência e consciência diferenciada.

Essa força primordial e fonte original não quer e não precisa de nada, pelo simples e distinto motivo que é tudo o que poderia desejar.

Um número cada vez maior de seres humanos compreende esse fato hoje. Centenas e milhares de pessoas começam a compreender que todos nós somos emanações da *mesma e única realidade*. Somos o produto e os possuidores dela. Podemos também ser os que a projetam.

Desse modo, somos responsáveis por mais do que podemos imaginar – inclusive pelo nosso futuro. A vida está apenas esperando que *assumamos* essa responsabilidade.

Todos os mestres espirituais afirmam que podemos fazer isso demonstrando Divindade. Todo os mestres espirituais afirmam que, dessa forma, tornamos Deus prático e real – em nós, como nós e por intermédio de nós.

O QUE NOS IMPEDE DE VIVER ESSA VERDADE

O que estamos examinando aqui – vivendo e demonstrando que todos nós somos feitos à imagem e à semelhança de Deus – pode, à primeira vista, parecer uma abordagem idealista e nada prática para enfrentar os desafios globais e resolver os problemas da vida. Não obstante, é uma fórmula que está disponível e acessível de imediato para transformar nossa experiência individual e para curar nosso planeta. E é aplicável com mais facilidade do que qualquer solução que a maioria dos seres humanos já propôs com seriedade.

Sabe *por que* ela se mostra impraticável? *Porque poucas pessoas tentaram usá-la.*

Quanto são "poucas"? Meras centenas ao longo de toda a história da humanidade, o que equivale a *centenas* de centenas de *bilhões* que viveram na Terra. Esse é o motivo pelo qual a experiência global da humanidade permaneceu num nível baixo. Consideramos esses poucos indivíduos cujas experiências alcançaram níveis mais elevados como diferentes, de alguma forma. Nós os chamamos de santos e sábios – e, também, de salvador.

Ironicamente, essas almas elevadas *não* foram diferentes de nós – *essa é a mensagem que mais reiteraram*. Elas repetiram à exaustão que todo ser humano tem todas as condições de demonstrar Divindade.

Por que, então, a maioria dos seres humanos não faz isso?

Simples. Eles não sabem como fazer.

E aqui está uma segunda ironia. *As tentativas de descrever o processo impediram* a própria demonstração da Divindade. As orientações oferecidas às pessoas quanto ao modo de viver como expressões do Divino causaram muito ódio, violência e medo neste planeta.

Disseram-nos que é possível repassar essas informações, mas acompanhadas de instruções muito claras, como seguir *este* mestre, aceitar *aquele* salvador, reverenciar *aquele outro* mensageiro, professar *tal* doutrina, agir *de determinado* modo – e assim acabamos nos desentendendo. Então, como observei várias vezes, entramos em conflito uns com os outros e nos matamos uns aos outros por causa das nossas divergências.

Fazemos isso há séculos – na verdade, há milênios.

E hoje as coisas andam de mal a pior. Hoje, vemos por aí para-choques com frases do tipo "Deus, salva-me do teu povo!", isto é, dos meus semelhantes.

Mas – por fim, e pelo menos – também estamos fazendo algumas perguntas cruciais.

Existe alguma esperança? Não somos, de fato, nada além de uma espécie de seres sencientes descontrolados explodindo bombas abaixo da superfície para provar que somos invencíveis? Extinguindo vidas por meio de fuzilamento, em cadeiras elétricas ou com aplicação de injeções letais para demonstrar que somos justos? Deixamos 653 crianças (pela última contagem) morrer de fome a *cada hora* em nosso planeta, enquanto defendemos uma economia global que beneficia, no mais alto nível, uma porcentagem mínima de seres humanos?

Teremos perdido de tal modo o nosso espírito coletivo, a ponto de acreditarmos que a melhor maneira de estancar a violência armada é permitir que todos os habitantes do planeta portem armas?

Teremos perdido de tal modo a nossa vontade coletiva, a ponto de não conseguirmos encontrar formas de mudar as condições que geram crises de refugiados, fazendo que milhões fiquem desabrigados, implorando asilo a outros países?

Teremos perdido de tal modo a nossa moral coletiva, a ponto de considerar a divisão, a brutalidade, os insultos e um linguajar vulgar e de mau gosto como símbolos de liderança?

É a isso que chegamos? Armas em punho, golpes, ataques verbais, semblantes desafiadores, agressores insolentes e tiranos ameaçadores, desafiando qualquer pessoa a defender o que é equilibrado, pacífico e amoroso?

Se não conseguimos nem sequer concordar sobre como discordar, podemos pelo menos concordar sobre como ser agradáveis? Podemos nos tornar Divinamente inspirados, Divinamente motivados, Divinamente ativados, Divinamente expressos e Divinamente realizados?

Sim.

Sim, podemos.

Mas o que o mundo precisa hoje é de uma forma delicada e amorosa que substitua a nossa atitude temerosa, justiceira e condenatória por uma explicação sobre como podemos tanto sentir como expressar nosso eu mais elevado – que é, de fato, nossa *natureza verdadeira* – na vida cotidiana.

Estamos sendo convidados pela vida – e, neste momento, por este livro! – para começar a conversar sobre Deus nos grupos que frequentamos. Ela nos pede que abandonemos a ilusão da separação e que acolhamos e *irradiemos* a verdade de que *todos somos um* – e ainda de que cada um de nós é feito à imagem e à semelhança de Deus.

E a beleza *desta forma de mudar tudo* é que podemos começar em nossa casa. Não precisa ser um movimento político planetário. Não há necessidade de produzir uma transformação global e social imediata. Não é preciso gerar um renascimento espiritual mundial. Ele pode começar, como sugeri antes, em nossa mesa de jantar, em nossa sala de estar, junto à pia da nossa cozinha.

Podemos começar a demonstrar Divindade neste exato momento em nossa vizinhança e nas imediações. Recebemos as ferramentas muitas vezes, de muitos mensageiros, e uma vez mais nos diálogos de *Conversando com Deus*.

Extraí algumas passagens do livro *God's Message to the World: You've Got Me All Wrong*, porque para compreender com plenitude a Divindade com um amor incondicional e da forma receptiva descrita em *Conversando com Deus*, precisaremos analisar a fundo a lógica que sustenta a ideia de que Deus não exige ser amado.

Como você deve saber, muitos acreditam que a posição contrária é que expressa a verdade. Naquele que é considerado o maior dos Dez Mandamentos, lemos: "Amarás o Senhor teu Deus de todo o teu coração, de toda a tua alma e de toda a tua força" (Deuteronômio 6,5). Em outras palavras, Deus *exige* ser amado.

VOCÊ CONCORDA?

Estive sugerindo e reiterando que todos devemos falar com mais frequência e de maneira mais aberta sobre esse Deus de quem ouvimos falar... Mas o que diremos? Ou seja, em resumo, estamos sendo convidados a propagar o quê, de fato?

Comecei a propor alguma coisa na Parte Um deste livro e, mais adiante, sugeri que começássemos a difundir uma história diferente sobre Deus. Para esclarecer o assunto um pouco mais, fiz algumas reflexões, as quais apresento a seguir, esperando que lhe sejam úteis e o ajudem a expressar as perspectivas que lhe são mais relevantes. A menos, é claro, que você discorde de mim. Vejamos, então!

Minha sugestão: diga com clareza e sem ambiguidades que o Deus deste Universo – *por ser* Deus – não precisa de adulação nem exige adulação de ninguém.

O Deus deste Universo – por ser Deus – não tem nada a perder ao acolher as almas que chegam à Divindade pelo caminho que for. Deus se rejubila quando uma alma encontra seu caminho de volta para casa, dando-se conta, aceitando e assumindo sua *verdadeira identidade*.

A teoria de que Deus rejeita a todos, exceto os que chegam a Ele por meio de um determinado caminho espiritual ou uma religião, é apenas equivocada. Contraria todo pensamento racional e contradiz de forma direta a definição de puro amor.

A boa notícia é que nossa divindade não é o Deus de marca registrada. O amor de Deus, a aceitação de Deus e a alegria de Deus em nós não dependem das palavras que dizemos na oração, do nome que invocamos na súplica ou da fé que abraçamos com esperança. Aos olhos de Deus, um judeu é tão digno do amor Divino quanto um cristão, um cristão é tão digno quanto um muçulmano, um muçulmano é tão digno quanto um hindu, um hindu é tão digno quanto um budista, um budista é tão digno quanto um mórmon, um mórmon é tão digno quanto um bahá'í, e um bahá'í é tão digno quanto um taoista. Um ateu é tão digno quanto todos os que acabam de ser mencionados.

Sei, todavia, que essa afirmação contraria os ensinamentos de muitas religiões, por isso muitos têm dificuldade de acreditar nela. No entanto, *o que é* é *o que é*, e nem o *estado de Ser* de Deus, nem seu júbilo, nem sua beatitude em *ser o que é* dependem de uma expressão particular, de algum modo particular, de alguma parte do estado de Ser.

Vamos ainda mais longe. Não é nem mesmo necessário que os seres humanos acreditem que Deus *exista* para que as bênçãos divinas se derramem sobre nós. O fluxo das bênçãos de Deus é o maior regozijo de Deus. O processo é ininterrupto e eterno. Não tem nada a ver com o *nosso* amor a Deus, mas tem tudo a ver com o amor de *Deus* por *nós*.

Este talvez seja o conceito que os seres humanos mais têm dificuldade de aceitar. A grande massa da humanidade repele a noção de que o amor Divino flui livremente para todos, sem exceção, sem exigências e sem condicionamentos de qualquer natureza.

Numa inversão que chama a nossa atenção, muitos humanos afirmam que o amor de Deus *flui* de maneira livre para todos, mas que o julgamento, a condenação e a punição de Deus também são *demonstrações* do amor divino.

Apenas por meio de uma arquitetura teológica muito intrincada, eles conseguem preservar a ideia de um "Deus bom e amável" – embora seja questionável se essa preservação chegou ao nível desejado pelos autores dessa teologia. Há muitas evidências de que algumas das maiores religiões do mundo perderam a noção de um *Deus bondoso e amável*. Esta pode ser a principal razão pela qual 15% da população do planeta rejeita a ideia da existência de qualquer tipo de deus.

Essa é uma das maiores tristezas que já *prostraram* a humanidade, pois privou incontáveis membros da espécie do seu maior recurso, mutilando, assim, a espécie humana.

Esperemos que o Deus descrito pelos muitos mensageiros daquela que tem sido chamada de *nova espiritualidade* seja uma Divindade que os seres humanos do século XXI e além possam aceitar. O que se faz necessário na Terra hoje é um *movimento pelos direitos civis da alma*, libertando, por fim, a humanidade da opressão de suas crenças em um deus violento, colérico e vingativo.

É neste ponto que você pode entrar. Ao decidir de fato falar sobre Deus com mais frequência, de forma mais aberta e com mais pessoas, você pode ser um intermediário que traz uma consciência da *verdadeira natureza da Divindade* a outras pessoas.

E você não precisa se tornar um proselitista para fazer isso. Você acha que dizer a outras pessoas que está querendo ter as suas próprias conversas com Deus pode levá-las a arregalar os olhos – e a também tentarem suas próprias conversas com Deus? Garanto-lhe que sim.

Às vezes, apenas dizer aos outros que você leu um livro que achou fascinante, pelo qual elas podem se interessar, talvez seja tudo o que é necessário para estimular a natureza questionadora daqueles que estão dispostos a explorações mais profundas deste assunto tão essencial.

Observe o que acontece quando você diz que o título do livro é *Conversando com Deus*. Observe sua resposta à reação do seu interlocutor e, à medida que o tempo passa, descubra a maneira que lhe parece mais eficaz para despertar o interesse de outros em lançar um novo olhar sobre toda essa questão.

ALGUMAS PALAVRAS DE GRATIDÃO

Obrigado a você por ler este livro até a última página. A intenção que o permeia é mostrar o que você *pode ser* com sua comunicação com o Divino. Espero que alguns recursos que apresentei lhe proporcionem experiências vívidas dessa realidade.

É preciso mais do que curiosidade para continuar buscando e encontrando formas de integrar à sua vida diária ideias e experiências que podem ser novas para você. É necessário assumir um *compromisso* – um compromisso com o crescimento. E isso não é pouca coisa. Requer coragem intelectual, determinação pessoal e abertura espiritual. Por isso, quer concorde, quer discorde, quer aceite de forma total ou parcial – ou não aceite de maneira alguma – o que encontrou aqui, você pode contar com a minha admiração por sua disposição de empreender esta jornada.

Expresso minha admiração e minha gratidão também a Sacred Stories Publishing por seu belíssimo trabalho na produção dos livros da série Common Sentience. Essa singular coleção de textos reflete o compromisso da própria editora de oferecer possibilidades de crescimento a outras pessoas, divulgando experiências pessoais de muitos entre nós que podem abrir portas a alguns que talvez nunca teriam prestado atenção se não tivessem visto os títulos da coleção.

Portanto, meus maiores agradecimentos aos editores e aos leitores.

CONHEÇA OS AUTORES DAS HISTÓRIAS

REVERENDA TIFFANY JEAN BARSOTTI, Ph.D. é médica de renome internacional, intuitiva, praticante de cura, pesquisadora e autora do livro *The Biology of Transformation: The Physiology of Presence and Spiritual Transcendence*. Mais informações em healandthrive.com.

DEBORAH K. BATES é harpista, cantora, palestrante, autora e instrutora do Sacred U. Apresenta-se em programas de rádio e televisão, e suas músicas, suas apresentações e palestras têm por objetivo unir as pessoas à sua divindade e natureza. Mais informações em deborahkbates.bandcamp.com.

SUE BRYAN, Ph.D. é educadora aposentada. Sue mora e escreve em Santa Fé, Novo México, encontrando seu vínculo com Deus na beleza do deserto. Mais informações em inwardjourney2020.substack.com.

ANNE CEDERBERG é naturalista e artista, especializada em experiências de natureza mística e no poder curativo da natureza. Sua missão é ajudar outras pessoas a verem Deus no mundo natural. Mais informações em ourmysticalnature.wordpress.com.

MARE CROMWELL é mística e suma sacerdotisa de Gaia, autora premiada e praticante de cura. Ela recebeu a mensagem de que seu trabalho com a Mãe Gaia está nas profecias nativas. Mais informações em greatmotherlove.earth.

EMILY HINE é executiva de tecnologia, saúde mental, *mindfulness* (atenção plena) e compaixão. É autora do livro *Holy Sit: Learning to Sit, Stay, Heal, and Serve*. Mais informações em emilyhine.com.

DOUTORA JULIE KRULL atua como parteira para a evolução da consciência, para a transformação de sistemas completos e para uma visão de mundo integral. É autora de *best-sellers,* ganhadora do prêmio Nautilus, palestrante e apresentadora do The Dr. Julie Show: All Things Connected. Mais informações em thedrjulieshow.com.

MARCIA LOWRY oferece cura energética canalizada e *workshops* no Awakening Heart Center, em Saint Paul. As sessões incluem músicas para a prática de qigong, cristais ou

Técnica de Libertação Emocional (EFT – Emotional Freedom Technique) para promover cura física, espiritual, emocional e ancestral. Mais informações em awakeningheartcenter.com.

SIOBHAN MAGUIRE é uma sensitiva empata que recebeu o diagnóstico de câncer aos 31 anos e escolheu um caminho totalmente holístico para a saúde, dedicando mais de vinte anos ao seu trabalho como agente de cura, *coach* e terapeuta. Mais informações em healthyselftherapy.com.

JENNY MANNION curou sete anos de doenças em três semanas e despertou para seu propósito. É escritora, palestrante, professora e agente de cura, inspirando amor-próprio e manifestando a vida que desejamos. Mais informações em jennymannion.com.

PAUL J. MILLS, Ph.D. é cientista, educador e autor do livro vencedor do prêmio Gold Nautilus em ciência e cosmologia *Science, Being, & Becoming: The Spiritual Lives of Scientists*. Mais informações em pauljmills.com.

PAMELA D. NANCE é mestra em antropologia, pesquisou a sobrevivência da consciência após a morte e tem certificações em toque de cura, regressão a vidas passadas, hipnoterapia, xamanismo e radiestesia espiritual. Mais informações em pamelanance.com.

ANCA RADU é mãe de Ayan, um menino de 7 anos que sobreviveu a um câncer agressivo em estágio 4. É socióloga e trabalha como gerente de recursos humanos em tempo integral. Também é praticante xamânica.

DOUTOR BERNIE SIEGEL é médico e um destacado professor da relação mente-corpo, muito conhecido por seu *best-seller* do *The New York Times*: *Love, Medicine and Miracles*. Bernie é também autor do romance *Three Men, Six Lives* e coautor, com seu neto, Charlie Siegel, de *When You Realize How Perfect Everything Is*, um livro de contos e poesias. Mais informações em berniesiegelmd.com.

YAELLE SCHWARCZ tem um coração criativo. É uma escritora e guia de arte da alma que combina seu treinamento inventivo e experiência com sua formação em massoterapia, facilitadora de *workshops* e palestrante.

M. J. STANTON tem como missão de vida é auxiliar os seres humanos em sua condição humana, relatando suas experiências de vida. Esse é o motivo que a leva a escrever, considerando essa habilidade um presente de Deus. Mais informações em livingwellministry.org.

AGUSTINA THORGILSSON é psicóloga. Seu propósito é ajudar o mundo a ser um lugar melhor, mostrando às pessoas como superar as experiências de vida, inclusive as mais difíceis, e, assim, alcançar a paz. Mais informações em life-navigation.com.

DOUTORA JANET SMITH WARFIELD é fundadora da Planetary Peace, Power, and Prosperity Legacy Foundation, Inc., uma fundação educacional de apoio aos que desejam encontrar a paz, desenvolver a capacidade de potência e a prosperidade na própria vida. Mais informações em planetarypeacepowerandprosperity.org.